イラストでわかる

美しい所作と振る舞い

監修
一条真也
（礼法家・作家）

メディアパル

世界が注目する日本の所作と振る舞い

日本人の礼儀正しさは、昔から世界中の称賛を浴びてきました。そして、その美徳は若い世代にしっかりと受け継がれています。

たとえば、ＭＬＢにおいて二刀流で大活躍をしている大谷翔平選手が、「2番・投手」で先発出場したボストン・レッドソックス戦で、大谷選手は打者をライトフライに打ち取りますが、打者が打った瞬間、バットが割れてしまいました。すると、大谷選手はマウンド付近に落ちたバットの破片を拾い、打者のもとへ小走りで歩み寄り肩をポンと叩きながら手渡したのです。

また、あるときは四球で一塁に向かう際に落ちているゴミをさっと拾いあげて自らのポケットに入れ、フィールドを去る際ゴミ箱に捨てました。

これらの行動を見たアメリカのファンから、「大谷は紳士すぎる。彼が

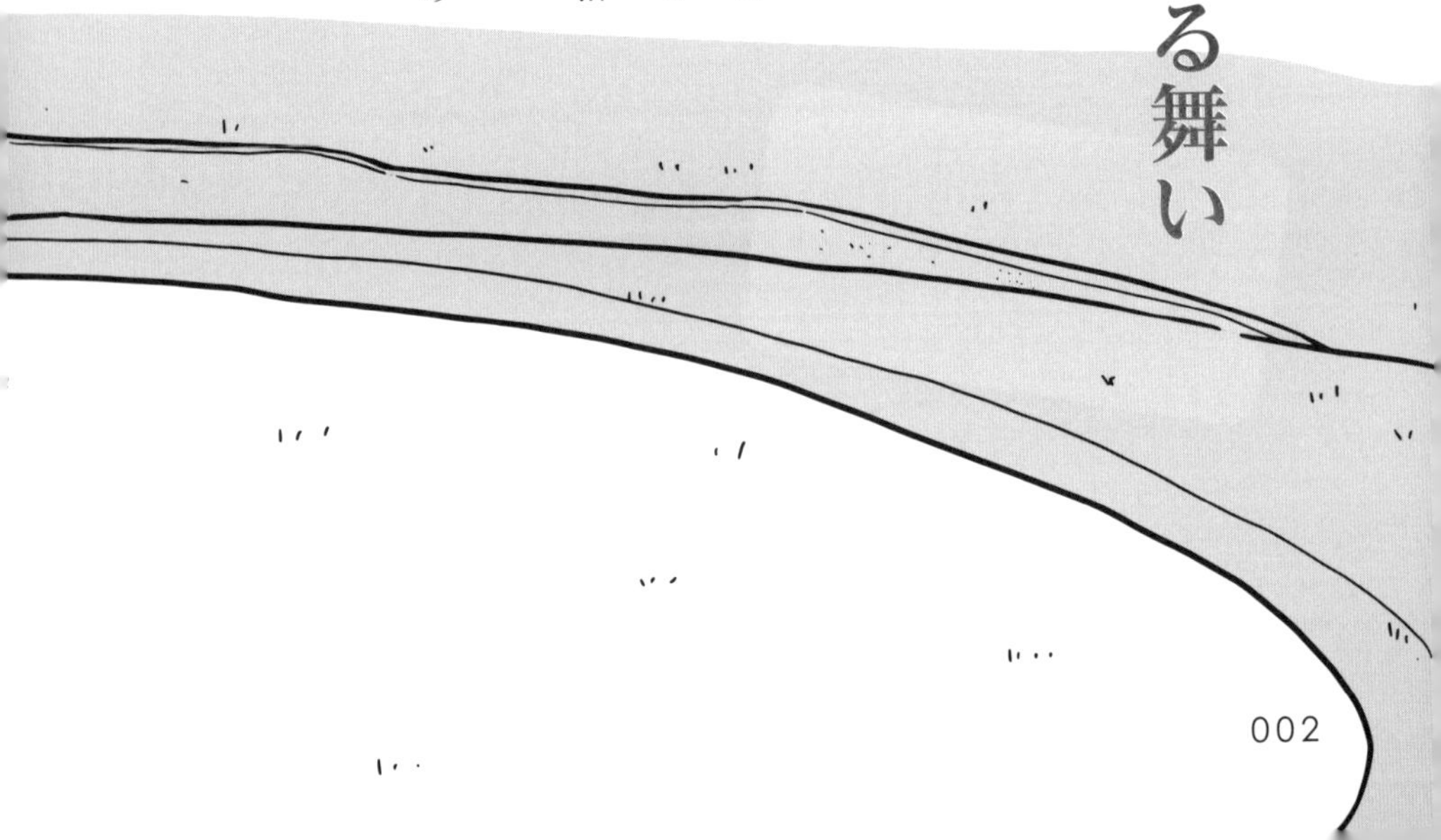

愛される理由はこれだ」、といった反響が次々と広がり、ネット上で瞬く間に拡散されました。豪快なホームランや快投だけでなく、こんなちょっとした大谷選手の振る舞いが、多くのアメリカ人の心を捉えているのです。

あるいは、男子ゴルフの松山英樹選手が日本男子で初制覇した米マスターズ・トーナメントでは、松山選手を支えたキャディーの早藤将太さんの行動も話題を呼びました。松山選手の優勝後、早藤さんは最終18番のグリーンでピンをカップに戻してから、脱帽してコースに向かって一礼したのです。

これに対して全米で「コースに敬意を示す、すばらしい振る舞いだ」という声が上がり、松山選手の歴史的偉業と並んで注目されました。

みなさんも、美しい所作と振る舞いを身につけることによって、そのさり気ない仕草を見た身近な人の心を動かしてみませんか。

イラストでわかる 美しい所作と振る舞い

目次

世界が注目する日本の所作と振る舞い …… 2

Part.1
あいさつの基本と礼

「立礼」（会釈・敬礼・最敬礼）…… 10
「九品礼」…… 14
所作の豆知識1 儒教の教えの中心にある「礼」…… 18

Part.2
日常的な所作と振る舞い

生活

立つ姿勢（立ち姿・手足の位置）…… 24
立ち上がり方・跪座 …… 26
立った状態での回り方 …… 28
座るときの姿勢（正座・椅子）…… 30

正座の仕方……32
椅子の座り方……34
膝行・膝退……36
座布団の座り方……38
座った状態での回り方……40
歩き方・美しく見えるフォーム……42
だれかと一緒に歩くときの所作……46
行き逢いの礼……48
前通りの礼……52
車の乗り降り……54
傘の持ち方・閉じ方……56

お金の支払い方……58
上着の脱ぎ方……60
せき・くしゃみが出たときの所作……62
対面で話す際の振る舞い……64
名刺の渡し方・受け取り方……66
扇子のあつかい方……68
目通り・肩通り・乳通り・帯通り……70
物の持ち方①（ペン・鉛筆・筆・ハサミ）……72
物の持ち方②（カバン・バッグ・手荷物）……74
物の受け渡し方……76
所作の豆知識❷ 身だしなみ・立ち居振る舞い・言葉づかい……78

食事

箸の持ち方・構え方……80
ナイフ・フォーク・レンゲのあつかい方……84
お椀の持ち方・ふたの取り方……86
おしぼり・ナプキン・懐紙の使い方……88
お酒の注ぎ方（ビール・ワイン・日本酒）……90
食事のいただき方……92
煮物・酢の物の食べ方……94
骨つきの魚の食べ方……96
紅茶の飲み方・ケーキの食べ方……98

訪問・来客時

靴の脱ぎ方・履き方……100
ドアの開け閉め（入退室・来客時）……102
引き戸の開け閉め（立った状態・座った状態）……104
お茶の淹れ方……108
茶菓子の出し方……110
お茶の飲み方・ふたのあつかい……112
茶菓子の食べ方……114
手土産を渡すタイミング・渡し方……116

葬儀

葬儀・告別式での服装……118
香典の渡し方・タイミング……120
焼香・献花・玉串奉奠……122

結婚式

結婚式での服装……124
祝儀の渡し方・タイミング……126
乾杯の際の振る舞い……128
所作の豆知識3 礼儀作法の基本は武士の所作……130

おわりに 今こそ求められる所作と振る舞い……134

■スタッフ
編集・構成・DTP／造事務所
装丁・本文デザイン／吉永昌生
文／東野由美子、山村基毅、奈落一騎
イラスト／ひらのんさ

■主要参考文献

『日本人のための礼法　実践礼道小笠原流教本』佐久間進・著
『小笠原流礼法入門　見てまなぶ日本人のふるまい』小笠原敬承斎・著（淡交社）
『美しい所作と恥ずかしくない作法が身に付く本』日経おとなのOFF特別編集（日経BP）
『生き抜くための小笠原流礼法　心と体を強くする礼儀と作法』小笠原清基・著（方丈社）
『特別な日から日ごろのお付き合いまで　一生使える！　大人のマナー大全』岩下宣子・監修（PHP研究所）

Part. 1

あいさつの基本と礼

「立礼」（会釈・敬礼・最敬礼）

お辞儀とは、頭を下げ、自分の弱いところを見せることで「あなたを信頼しています」という気持ちを示す姿勢です。立礼でも座礼でも、腰をすえて正しい姿勢で行ないます。

実践礼道小笠原流ではお辞儀の際、「礼三息」を原則としています。礼三息は**息を吸いながら上体を傾け、動きが止まったところで息を吐き、ふたたび息を吸いながら上体を起こして、誰に対しても折り目正しく敬意と誠意を表わすものです。**

礼の深さに関係なく、頭と背筋、腰が一直線になるように心がけることが肝心です。

立礼の場合は、会釈、敬礼、最敬礼に分かれています。

会釈は**直立して背筋を伸ばしたまま上体を約15度傾けます。**手は体の横にあるので、軽くくぼませた手のひらを太ももにつけて上半身を傾ければ、自然に前に出て指先が約３cm下がります。

男性はつま先を少し開いて立つこともありますが、女性はそろえるとエレガントです。会釈は日常的に使うため、油断すると軽々しく中途半端な印象を与えます。また、お尻を

会釈

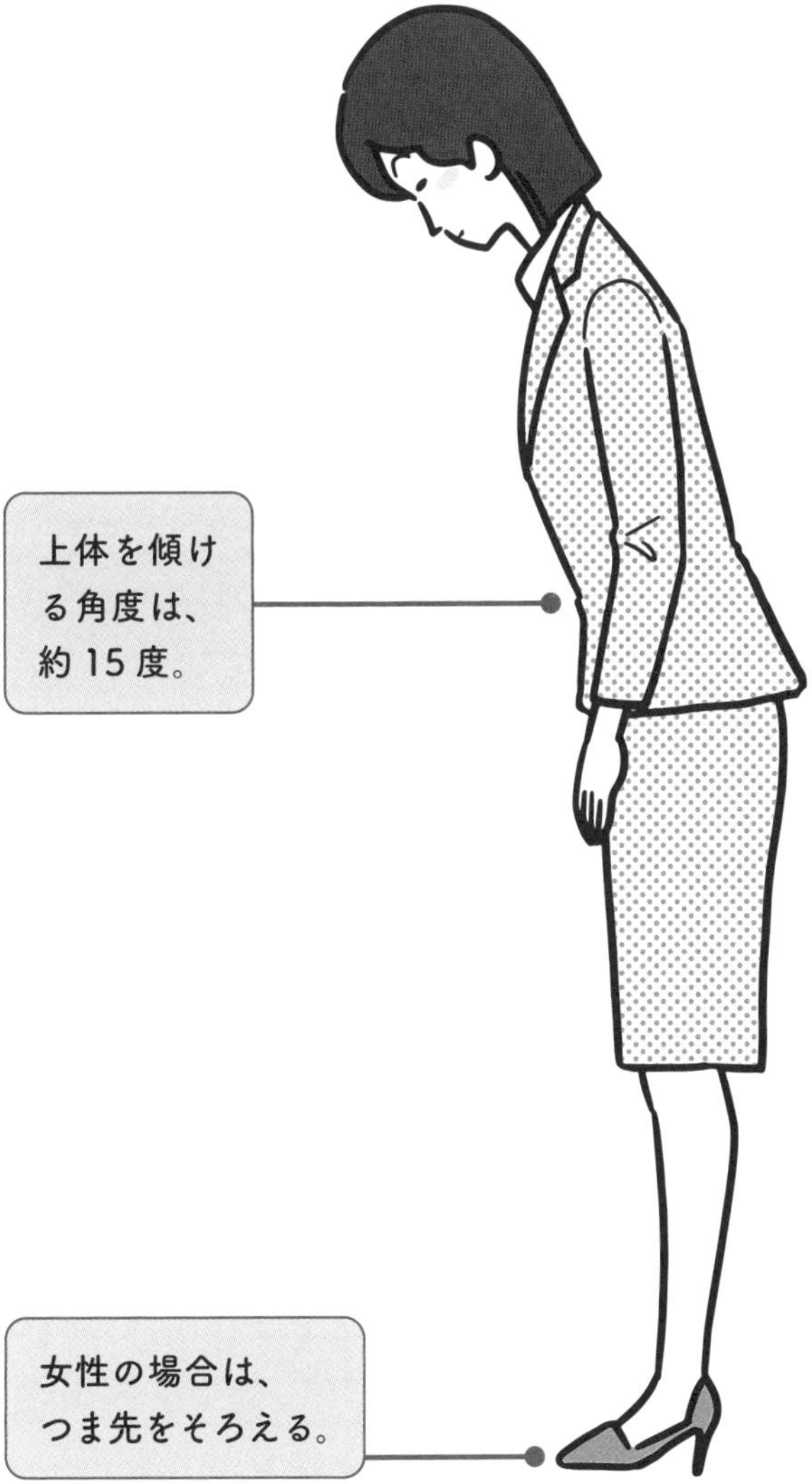
上体を傾ける角度は、約15度。
女性の場合は、つま先をそろえる。

◇**実践礼道小笠原流とは**

小笠原流宗家三十二世・小笠原忠統氏の遺志を受け継いだ佐久間進氏が確立。小笠原流の礼法に基づき、現代の生活に沿った礼法の実践を重視する。

突き出す、背中が丸まる、頭だけが下がる、膝が曲がる姿勢は見苦しくなります。

敬礼は**あいさつの内容や状況に応じて変化するので、一定の角度にこだわる必要はありません。**上体をただ傾ければいいわけでなく、相手に対して心を込めたお辞儀をすることが大切です。

上体の角度は30～45度の範囲が美しく見えます。この場合、指先が太もものつけ根と膝がしらの中間から、膝がしらにつく程度になります。

最敬礼は、**約90度の角度で両手が膝がしらをおおう程度まで上体を傾けます。**これは最大限の敬意を表すもので、神仏への拝礼や儀式などの場合に用いられますが、日常では使いません。

背筋を伸ばしたままの礼は意外にむずかしく、ともすれば頭だけを下げようとして背中が丸まってしまうことがあるため、姿勢には十分な注意が必要です。

また、マナー本などでは、手を前に組むように指導されていることがありますが、立礼の姿勢としては不自然です。

お辞儀をしたあと、上体を起こしてすぐに次の動作を行なうと、それまで示していた敬意の表現が急に途切れて、相手に雑な印象を与えます。

お辞儀が終わったあとも一呼吸おいて相手に心を残すこと、動作のしめくくりに心を込めることを、実践礼道小笠原流では「残心」といいます。

しめくくりが雑になると、お辞儀よりも最後の印象が相手に残ってしまいます。次の動作にゆっくり移ると、品位が失われません。

敬礼

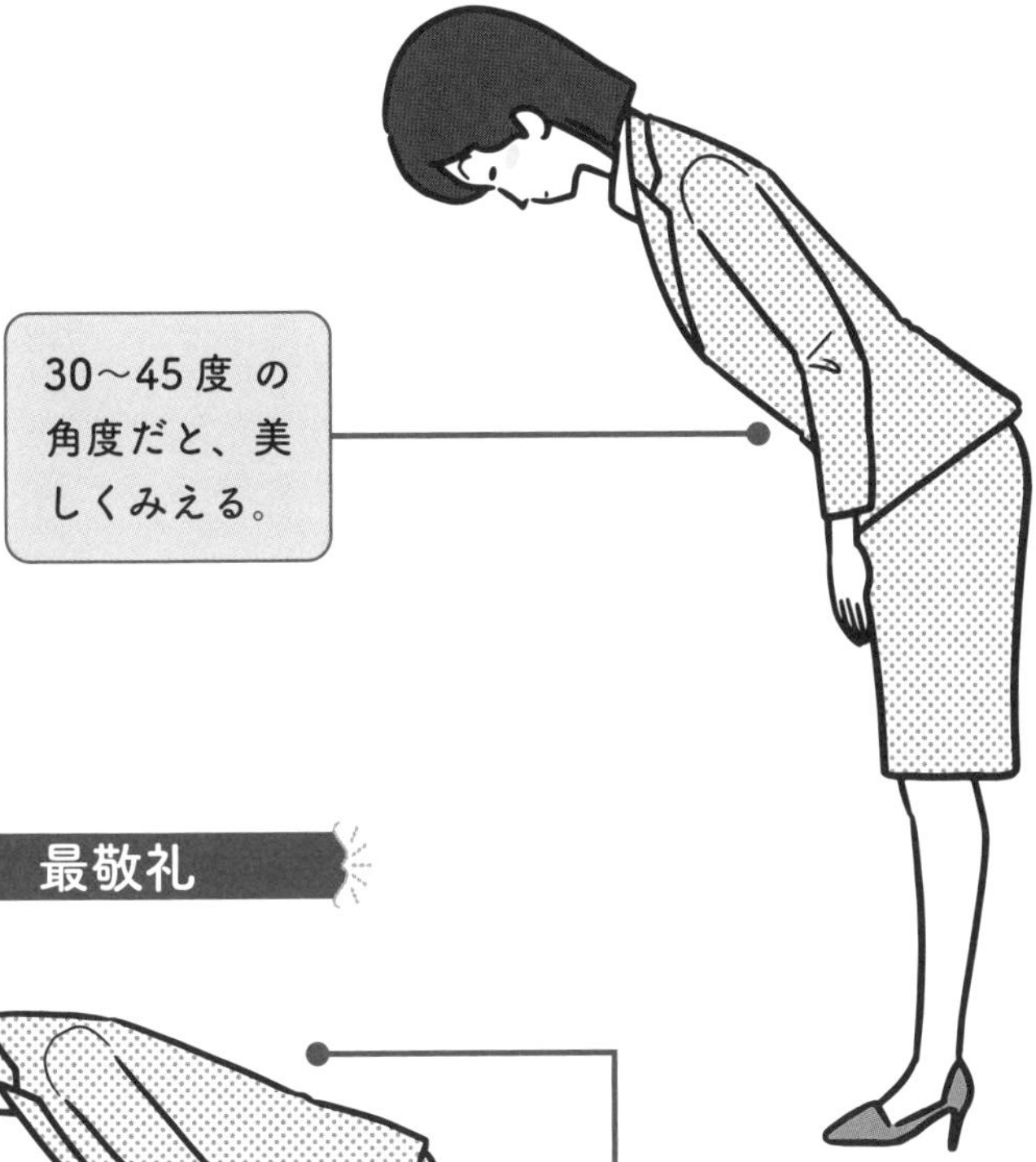
30〜45度の角度だと、美しくみえる。

最敬礼

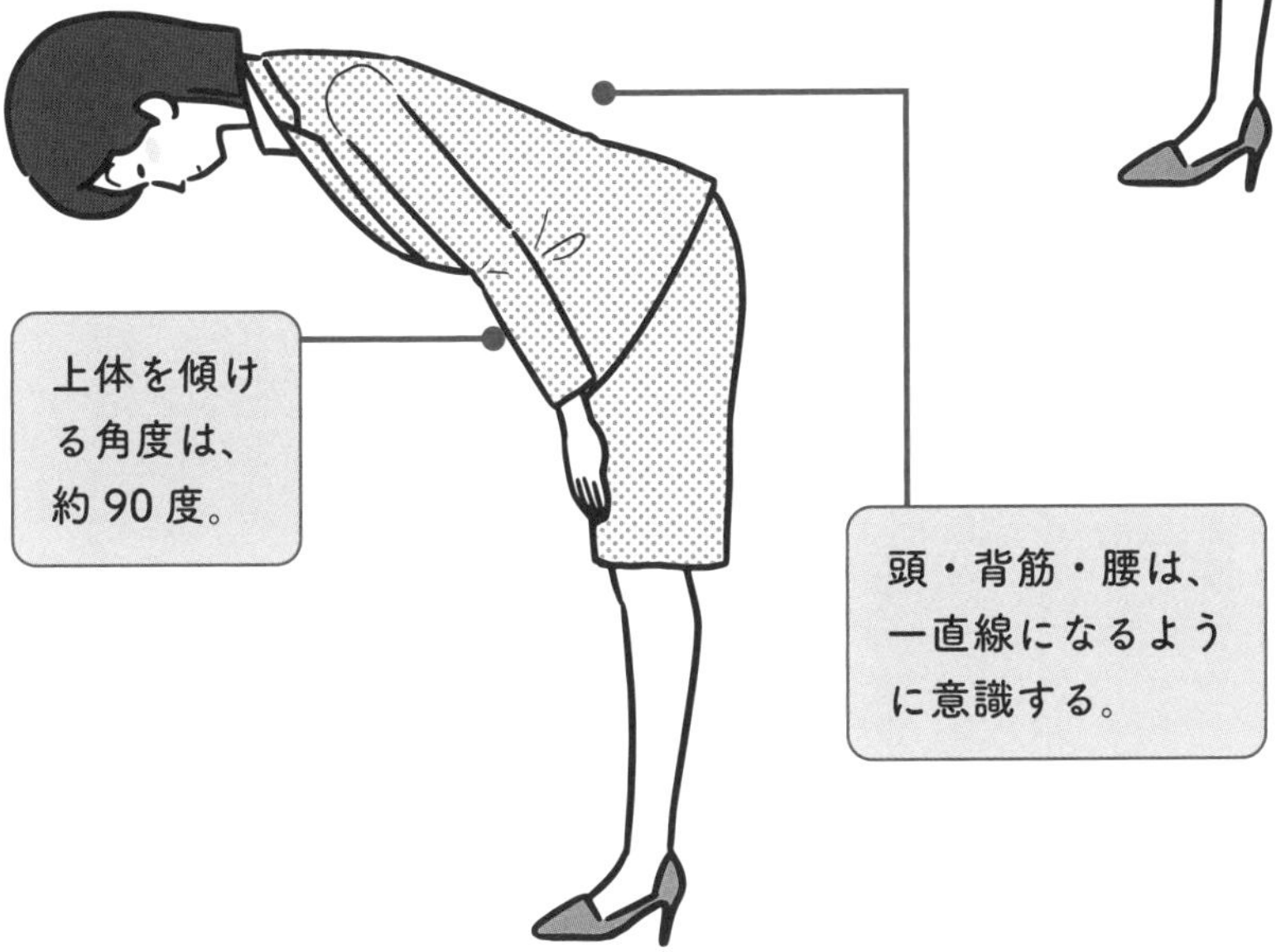
上体を傾ける角度は、約90度。
頭・背筋・腰は、一直線になるように意識する。

「九品礼《くほんれい》」

正座の座礼は立礼よりも種類が多く、目《もく》礼《れい》、首礼《しゅれい》、指建礼《しけんれい》、爪甲礼《そうこうれい》、折手礼《せっしゅれい》、拓手礼《たくしゅれい》、双手礼《そうしゅれい》、合手礼《ごうしゅれい》、合掌礼《がっしょうれい》の9種類を「九品礼」といいます。このなかで日常的に使うのは、指建礼、折手礼、拓手礼、双手礼です。座礼も立礼と同様に礼三息が原則です。

手の位置は、**上体の傾きの深さによって自然に変わります。**先に手の位置を決めて礼をしても、相手に気持ちが伝わりません。

ひじを張ったお辞儀は男性によく見られますが、横柄に見えるので控えます。また、お尻がかかとから浮いたり、背中が丸くなったりしないように注意しましょう。

指建礼は、

①正座の姿勢から上体を少し前傾させ、膝の上の手の指を軽く伸ばして、手を膝のわきにつくように自然におろす。

②指先が畳についたら、上体の傾きを止める。

このとき、背筋が丸まらないように腰からまっすぐ傾けます。指建礼は、立礼でいえば会釈に相当し、給仕の際などに、相手に気を使わせないために用います。

折手礼は、

①ひじを曲げず、正座の姿勢から指建礼より

指建礼

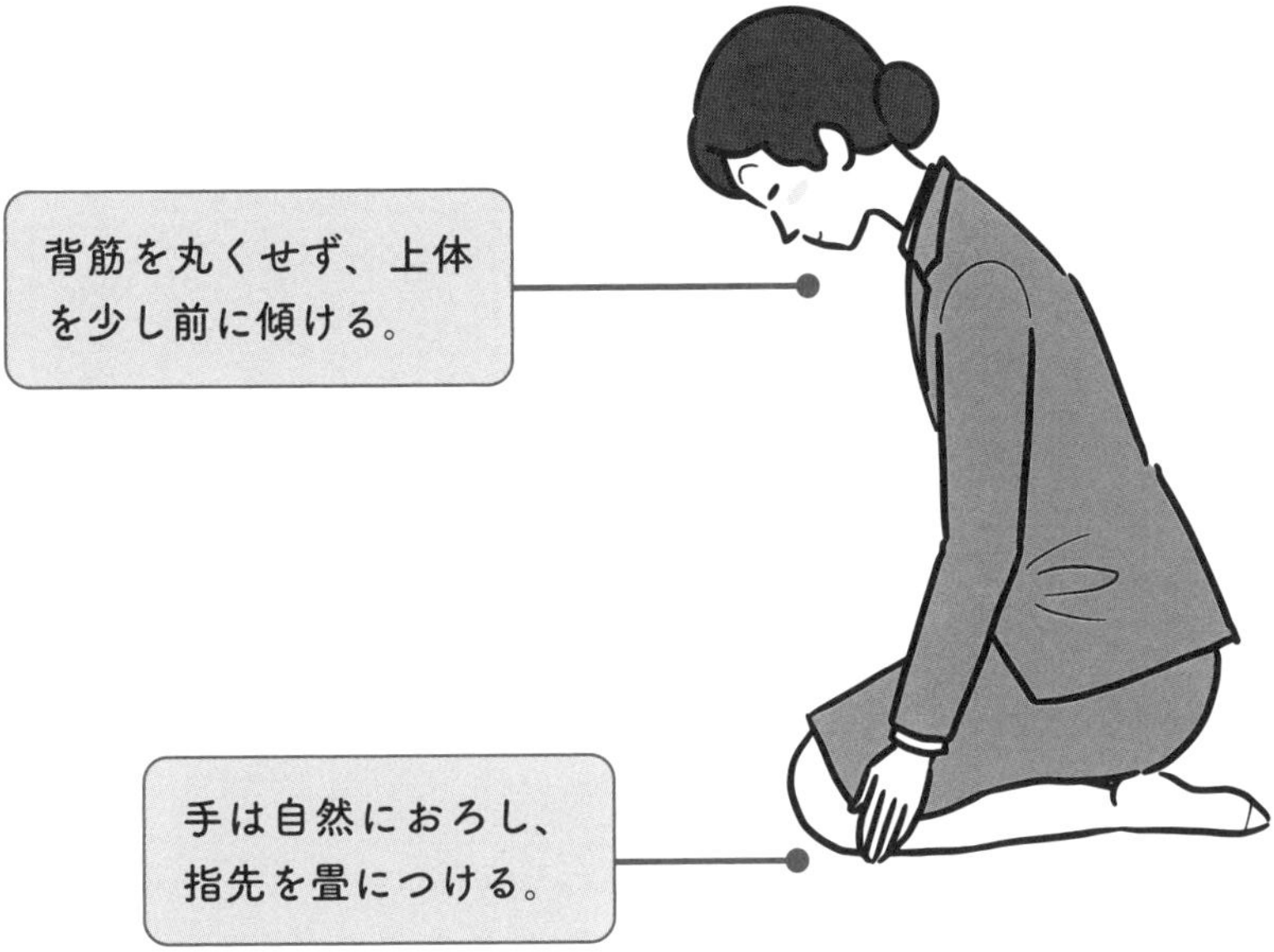
背筋を丸くせず、上体を少し前に傾ける。
手は自然におろし、指先を畳につける。

折手礼

女性の場合は、指先を後ろに向ける。男性の場合は、前に向ける。

深く上体を傾ける。

②両手は自然に膝の脇に平行に置いて、畳に手のひらをつける。

このとき、指先は膝がしらと一直線に並ぶようにし、女性の場合は指先を後ろに向けます。あいさつの口上を述べるときや床の間の掛け軸・花を拝見するときに用います。

拓手礼は、

①畳を手のひらで押さえるので、折手礼よりも両手が前に進み、両手が自然に八の字を描く。

②膝の横から手を膝がしらと手首が並ぶ位置まで進め、同時に前傾姿勢を深める。

同輩に対する礼とされ、あいさつの口上の際などに用いられます。

双手礼は**拓手礼よりもさらに前傾姿勢になり、胸部がももにつく一歩手前ぐらいまで深く上体を傾け、手を前に進めます。**敬意や感謝を表す深いお辞儀であり、相手との関係やあいさつの内容など、時と場合によって深さに幅があります。上体の傾きの深さと手を置く位置は、拓手礼から合手礼の間くらいです。

合手礼は、

①上体を傾ける際、胸部がももにつくほど深く前傾する。

②両手の人差し指が合わさって、八の字になったところの上部に鼻がくる程度まで上体を傾ける。

背中は床面とほぼ平行になります。

もっとも深くていねいなお辞儀の拓手礼と双手礼は手のひらが畳についていますが、合手礼はこの2つの礼と異なり、手のひらからひじまで畳についた状態です。日常では使わず、神前や仏前での儀式の際に用います。

拓手礼

手首と膝がしらが
並ぶようにする。

双手礼

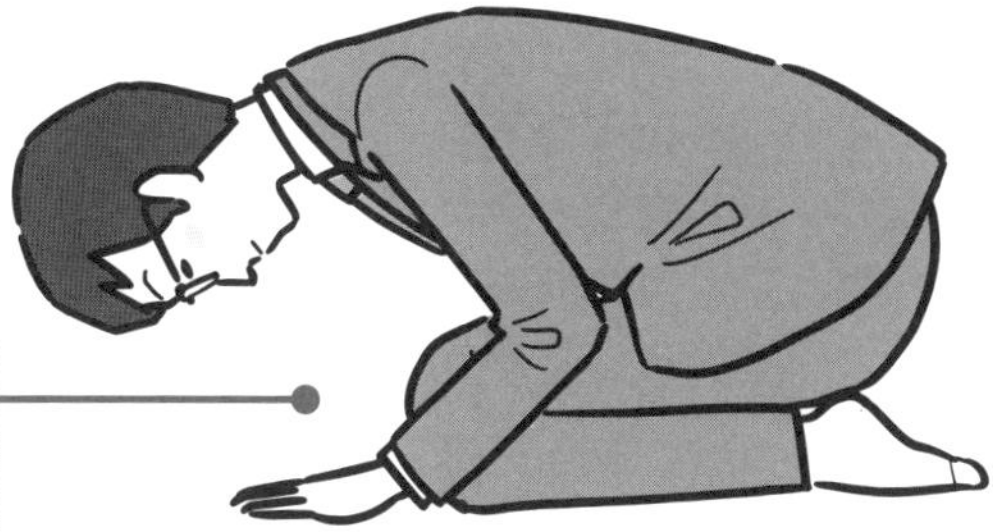

胸がももにつく手前
まで上体を傾ける。

合手礼

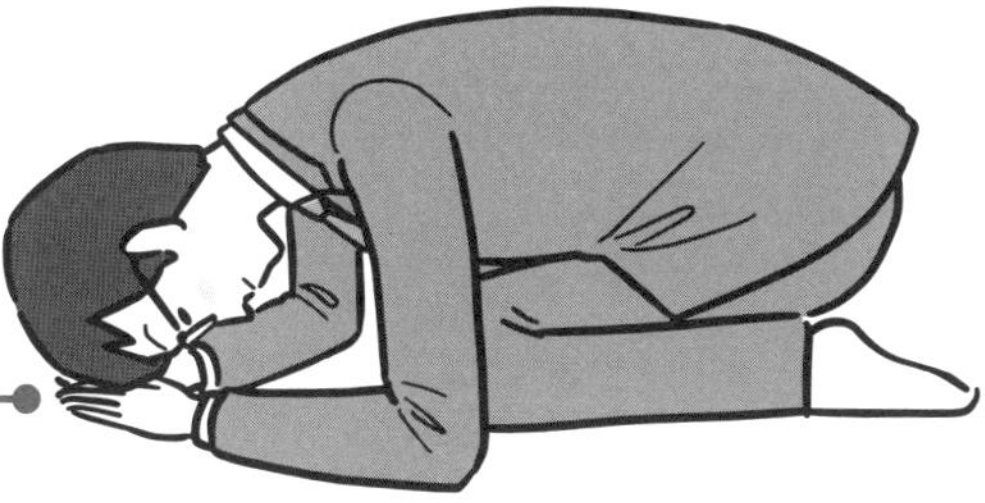

両手の人差し指は合わ
せ、ひじから手のひら
まで、畳につける。

所作の豆知識 1

儒教の教えの中心にある「礼」

礼というと、相手にお辞儀をするとか、人になにかしてもらったときに「ありがとう」とお礼をいうことを思い浮かべるかもしれません。ですが、もともと「礼」とは、いまから2500年ほど前の中国の思想家である孔子が説いた儒教の教えのなかにある言葉です。

ただ、「礼」の概念自体は孔子が説く以前から中国にありました。当初の「礼」は、さまざまな行事のなかで規定されている動作や言行、服装や道具などを指していました。それらを孔子は体系化するとともに、人間関係を円滑にするための道徳的な規範にまで高め、自らの教えの中心に置いたのです。そのため、儒教は「礼教」とも呼ばれています。

「礼」という漢字は、旧字体では「禮」と書きます。その「禮」は、「示」と「豊」から成っていて、「示」には「神」という意味が、「豊」には「酒を入れた器」という意味があるとされています。ようするに、酒器を神に捧げる宗教的な儀式から生まれた漢字なのです。

古代の中国においては、神などの神秘的な存在に対し、正しい方法で祀らなければマイナスの結果を引き起こすという観念がありました。そのため、神と向き合う際には、厳密に定まった手続きや儀礼が必要とされたのです。そのような正しい宗教儀式を指す言葉だった「礼」が時代を経るにつれ、宗教儀式のみならず、あらゆる行事における正しい動作や言行、服装や道具などを指す言葉になっていったと考えられています。

しかし同時に、「禮」という漢字を構成している「示」と「豊」には、それぞれ別の意味もあります。「示」には「人の心」、「豊」にはそのまま「ゆたか」という意味もあるのです。ようするに、「禮」は「人の心を豊かにする」という意味もあることになります。孔子はこちらの意味も重視し、人間関係を円滑にするための相手を思いやる「おもてなしの心」という道徳的規範にまで「礼」を高め、人間が生きていくうえでもっとも重要なものとしました。

当然、「おもてなしの心」は、自分のなかに秘めているだけでは相手に伝わらず、人間関係を円滑にしてくれません。行為や態度、振る舞いなどによって、相手に伝えないとならないのです。それゆえ、人と人のつきあいにおける礼儀作法が必要となってきます。つまり、礼儀作法というのは、心を形に表わしたものなのです。相手にお辞儀をするとか、人になにかしてもらったときにお礼をいうというのも、そこから生まれてきました。

礼儀作法に欠かせない「気づき」

「礼」、「礼儀作法」の本質が相手を思いやる「おもてなしの心」である以上、つねに主体は相手のほうになければなりません。ですから、相手のことよりも自分をよく見せようとするための礼儀作法では意味がないのです。どうすれば相手が心地よく感じてくれるかということを、いつでも意識する必要があります。

自分をよく見せようとする礼儀作法は、たんに「正しい礼儀」とされている形だけを守ることになりがちです。その結果、相手が「ていねいすぎて肩が凝ってしまった」とか「していただいた行為はありがたいが、重荷に感じてしまった」となってしまっては本末転倒でしょう。

そうならず、いつでも相手を主体に考えるために大事になってくるのが、「気づく」ということです。

いま相手がなにを望んでいるのか、そのためには自分はいまなにをすべきか、その場の状況はどうなのかということを、きちんと「気づく」ことが必要になってきます。そして、その「気づき」から、「気遣い」や「気配り」が生まれ、形を守るだけではない、本当に相手を思いやる「おもてなしの心」を表現することができるようになるのです。

豊臣秀吉を感動させた石田三成の「思いやり」

「気づき」によって生まれる「おもてなしの心」の具体例としては、「三献茶（三杯の茶）」として知られる有名な逸話があります。

戦国時代、豊臣秀吉が激しい喉の渇きを覚えたため、ある山寺を訪ね、茶を所望したことがありました。すると、現れた小坊主は、まず1杯目にぬるめの茶を茶碗になみなみと注いだものを秀吉に献上しました。秀吉はそれをひと息に飲みほして、喉の渇きを癒しました。

それを見ていた小坊主は、2杯目に前よりも温度が高く、量の少ないお茶を出します。秀吉がそれを飲み終えると小坊主は、さらに温度が高く、量も少なく、濃い目のお茶を3杯目に出しました。

小坊主は訪れた秀吉の様子を見て、喉が渇いていることに「気づいた」ため、最初に飲みやすいぬるいお茶を大量に献上したのです。そして、ひとまず渇きが収まったのを見てから、茶そのものの味わいを楽しんでもらうために、少しずつ温度を上げ、濃くした茶を出したのです。

秀吉はこの小坊主の気遣いにとても感心して、彼を小姓の列に加えました。その小坊主こそ、のちに秀吉の右腕にまで出世し、秀吉の天下統一を支えた石田三成です。もし三成が、秀吉の喉の渇きに気づかず、たんに身分の高い人がやってきたから、いいお茶を飲んでもらおうと1杯目から熱くて濃い茶を出していたら、決して秀吉は満足しなかったでしょう。

このように、相手の状況や心持ちを思いやり、それに合わせた行動をとることこそが、「おもてなしの心」の神髄であり、礼儀作法の本当の役割なのです。堅苦しく形式だけ守るような礼儀作法ではなく、本当に相手を思いやる気持ちに裏打ちされた礼儀作法を実践するように心がけたいものです。

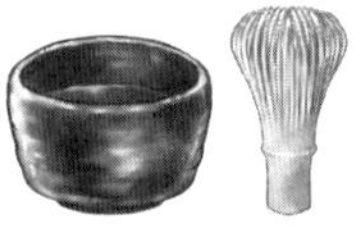

Part.②

日常的な所作と振る舞い

立つ姿勢（立ち姿・手足の位置）

立つことは、すべての動作の基本です。次の動きへスムーズに移るのには、前後左右に傾かず、自然にまっすぐと立つ正しい姿勢を維持するのが重要です。

身長測定のときのように背筋を伸ばしてあごを引きます。重心（体重をかける点）は、土踏まずの前部あたりにくるようにして、体重を両足に均等にかけます。おへその下あたりを意識しながら呼吸を整え、両足はそろえます。つま先もそろえますが、ヒールの高い靴を履いている場合はつま先を少し開くと安定します。

両手は力を入れず、からだの横に自然におろし、手のひらを少しくぼませて指をそろえると手元が美しく見えます。

自然体で立つと骨格に無理がかからず、次の動作に移りやすくなります。骨格の中心である背骨は、ゆるやかなS字を描くのが本来の形です。猫背かつ下腹を突き出す「そり腰」の状態だと、肺や神経を圧迫して呼吸が浅くなり、内臓を本来の場所からずらして働きを損ねます。また、腰や膝をいためることにもつながるので、美しい姿勢をキープすることは健康のためにも重要なのです。

立ち姿

背骨の付け根あたりを持ちあげる感覚で、下腹に軽く力を入れる。
背中や肩の筋肉はこわばらせない。
手は指先を軽くそろえ、力を抜いて軽く太ももに置く。

立ち上がり方・跪座《きざ》

足のつま先を立てて、そろえたかかとの上にお尻を乗せる。
上体を崩さず、腰を曲げないように立ち上がる。

正座の状態から立ち上がるときのポイントは、跪座の姿勢を正しくとることです。跪座とは「ひざまずいて座る」という意味で、足のつま先を折り立てて膝をつき、そろえたかかとの上に尻を乗せた姿勢です。

跪座の姿勢をとるときは、

①正座の状態から少し腰を浮かせる。

②つま先を片足ずつ立てる。

このとき、左右のつま先とかかとを離さないようにすると後ろ姿が美しく見えます。また、両足のかかとをつけ

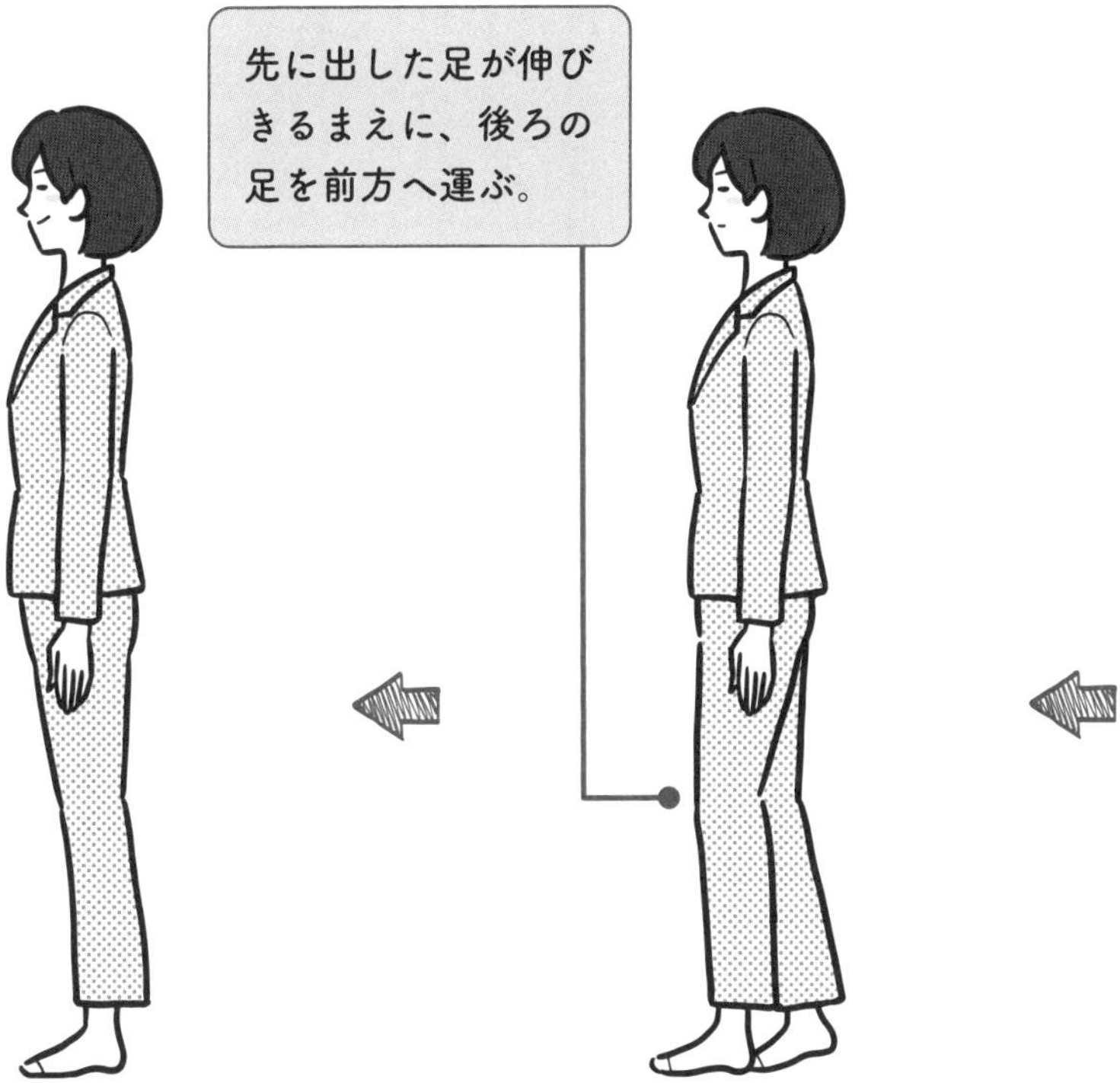

ているとと背筋が自然にまっすぐ伸びます。かかとをつけないと両足の間にお尻が落ちてしまい、背筋が伸びません。跪座の姿勢が正しくないと上体が大きく揺れるので、注意しましょう。

跪座の態勢になったら、

①下座（部屋の出入り口に近い・床の間や同席者から遠い）側の足を徐々に半歩ほど踏み出す。

②下座側の足の膝が少し浮き上がるので、その足のつま先に力を入れて立ち上がる。

立ち始めるときは上体を崩さず、腰を曲げないように意識し、踏み出した足が伸びきるまでに、反対側の足を静かに前に運び、立ち上がると同時に両足をそろえます。

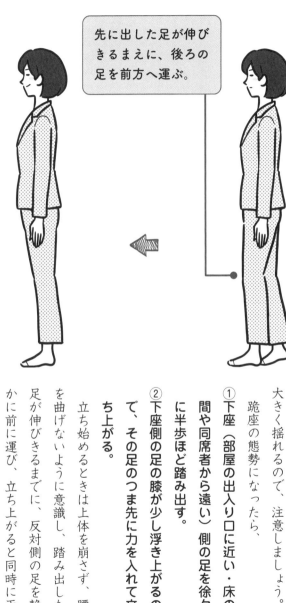

立った状態での回り方

方向転換の際は、足を前方にかぶせて「回る」、一歩後ろに引いて「開く」という2通りの方法があります。回るときは、つねに上座に向け、回ります。中央に背を向けることを避ける場合は、開く方法で向きを変えます。

上座が右側にあって右に90度回るときは、**左足を右足のつま先にT字（90度）にかけ、右足を左足にそろえます。**１８０度回るときは、**左足を右足のつま先にかけ、右足を１８０度回転させます。そのあとに、左足を90度右に向けて、右足にそろえます。**

上座が右で、開く方法で右に90度方向転換をするときは、**右足を引いて左足に沿わせながら、右足のつま先を左足のかかとにL字にかけて、左足を右足にそろえます。**

１８０度回転するときは、

①右足を90度の角度で右に向けて一歩引く。

②左足は１８０度回転させ、右足のつま先にT字になるようにかけて、両足をそろえる。

方向転換の際はどちらの方法でも重心移動が重要になります。背筋を伸ばして正しく立ち、腰から「回る」、腰から「開く」イメージをすると動きがスムーズになります。

立った状態での回り方

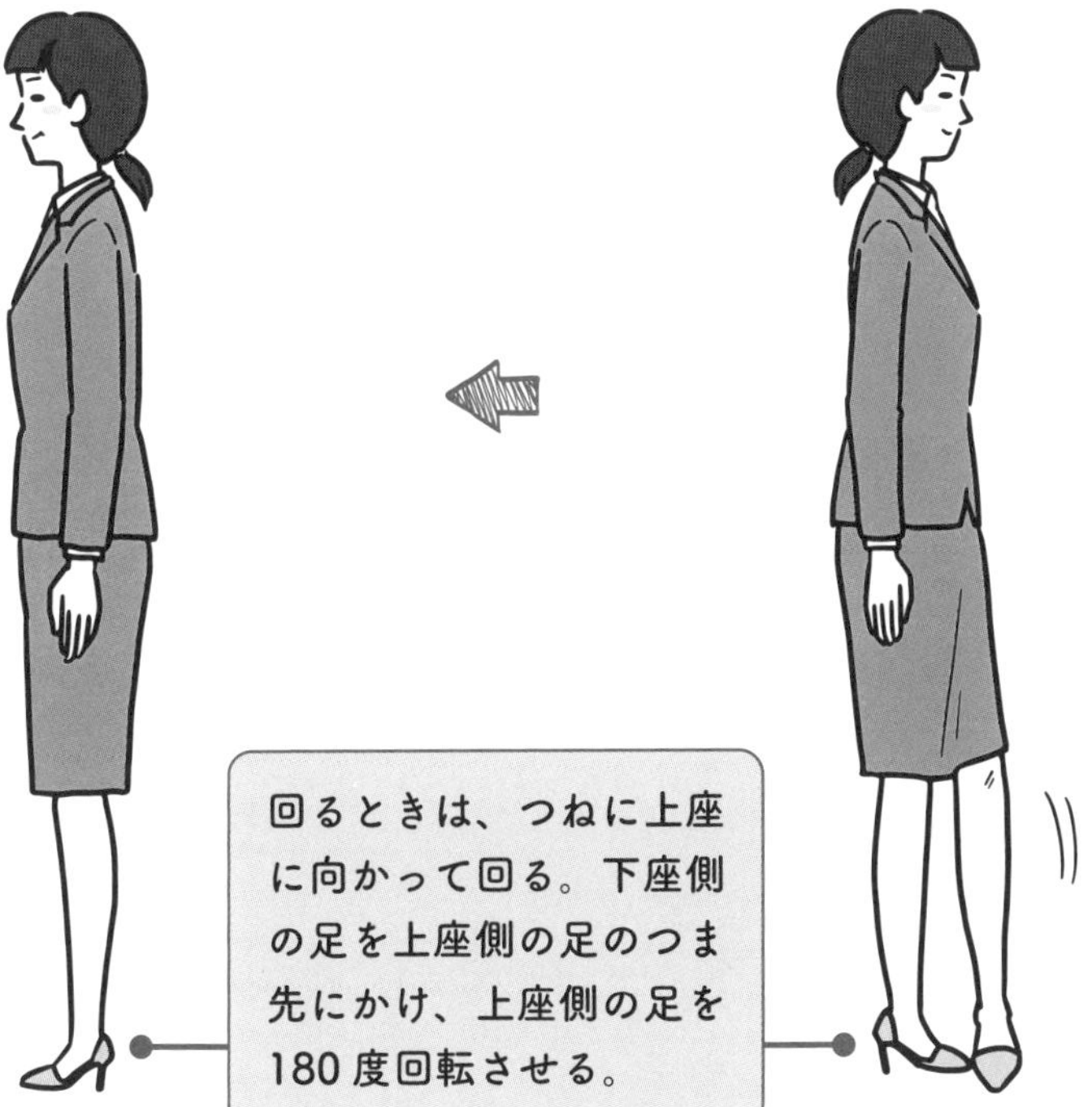

回るときは、つねに上座に向かって回る。下座側の足を上座側の足のつま先にかけ、上座側の足を180度回転させる。

足の動き

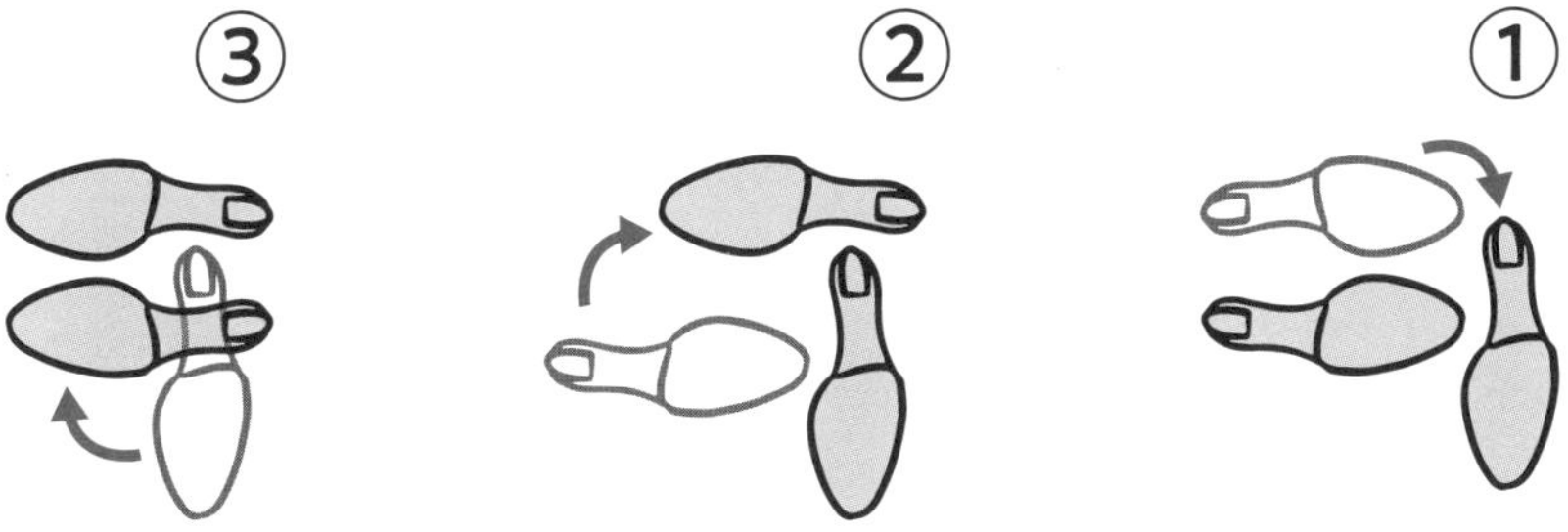

座るときの姿勢（正座・椅子）

正座のときも椅子を使うときも、上体は基本的に立ったときの姿勢と同じようにします。腰から上の背筋を、まっすぐ伸ばすよう意識しましょう。

横から見たときには、**耳たぶの延長線上に肩がくるようにして、肩の中央には上腕が位置するように姿勢を整え、うなじもまっすぐに伸ばします。**

手は太ももの上に置き、腕はひじを張らず、上体に自然に沿わせます。両手の指先はそろえて、手のひらを少しふくらませ、太ももの上に八の字に置いてください。

椅子に座るときは、**正座のときと同じように上体の姿勢を保ち、かつ浅く座ることが大切です。**椅子には背もたれやひじかけがありますが、体重をあずけることは避けてください。深く座って寄りかかると、姿勢が崩れて美しく見えません。寄りかかると楽なようですが、背骨がゆがんだり内臓が圧迫されたりして、体を疲れさせてしまいます。

椅子に座るときに、つま先や膝を開いたり、足を組んだり、ブラブラさせたりするのは、目上の人に失礼にあたり、だらしない印象を与えます。

正座

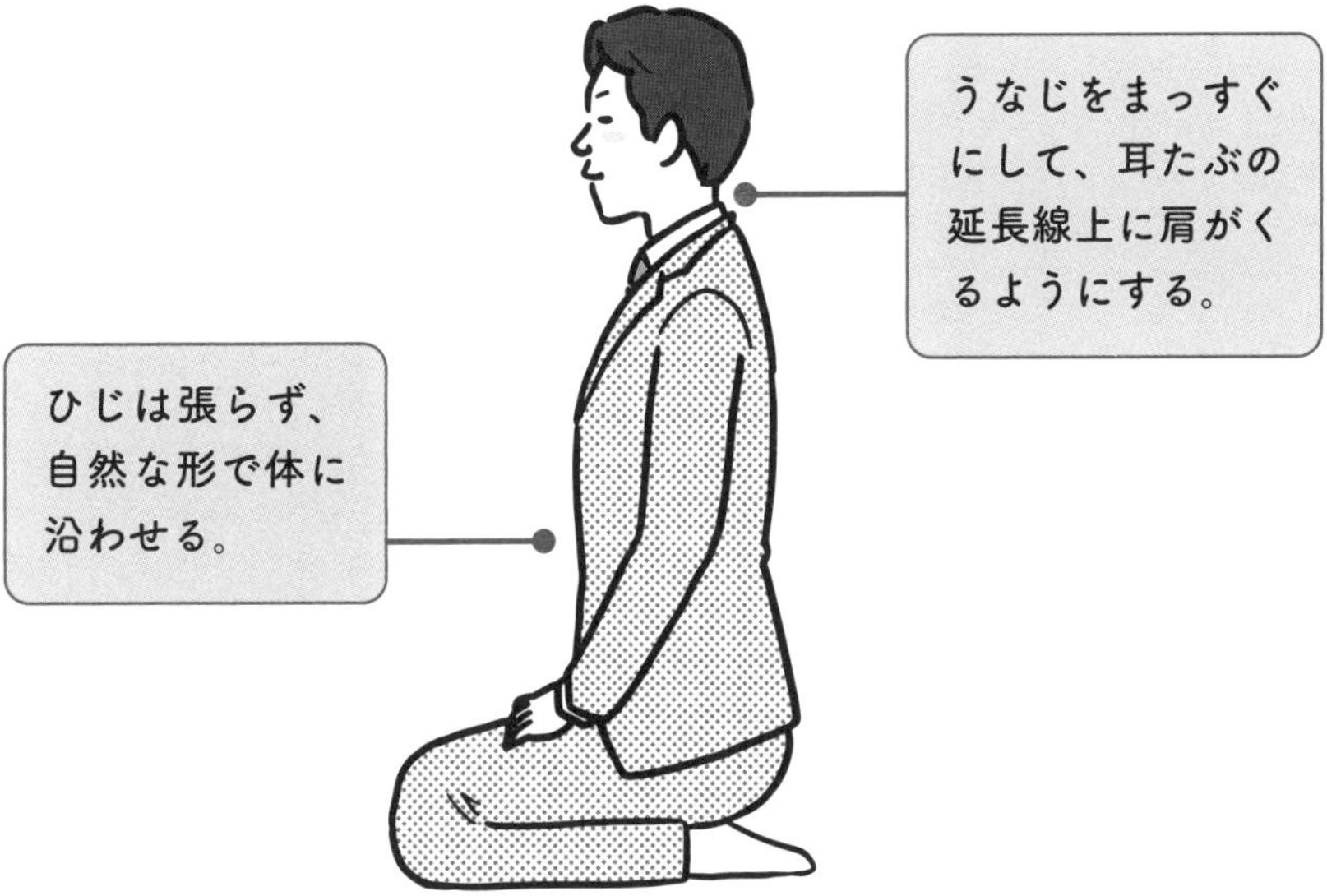
うなじをまっすぐにして、耳たぶの延長線上に肩がくるようにする。
ひじは張らず、自然な形で体に沿わせる。

椅子

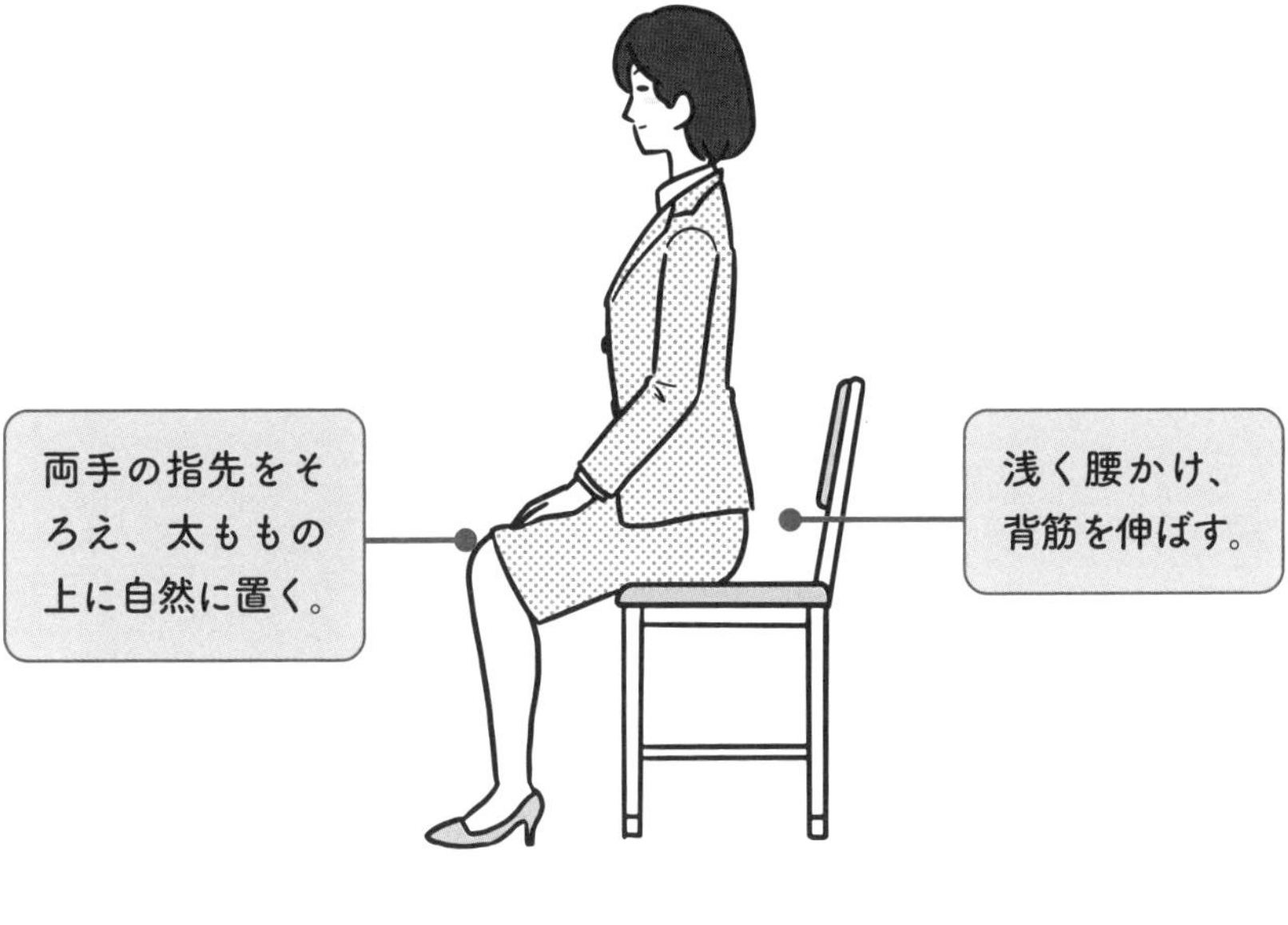
両手の指先をそろえ、太ももの上に自然に置く。
浅く腰かけ、背筋を伸ばす。

正座の仕方

現代では圧倒的に椅子に座る生活が日常化して、正座をする機会はかなり少なくなりました。しかし、座る動作の基本が正座であることは変わりません。

座るときは**上体が前に傾かないように腰をしずめ、足の親指だけを3～4センチほど重ねます。**左右の親指はどちらが上でもかまいません。足全体を重ねると姿勢が崩れるので注意しましょう。

膝を折り曲げる際、女性は膝をそろえ、男性はこぶしひとつ分ほどあけます。

正座になるとき、または正座から立ち上がるときのコツは、跪座の姿勢をきちんと経由することです。正座で足がしびれたとき、いったん跪座の姿勢をとることは、失礼にあたりません。

直立の状態と正座の間をつなぐ跪座の姿勢をマスターすれば、無理なく、無駄のない洗練された動作で立ったり、座ったりすることが可能になります。

足首や足の指がかたいとむずかしい動きなので、湯船の中で跪座と正座をくり返し、慣れたら部屋で練習すると、跪座の姿勢を身につけることができます。

正座するまでの流れ

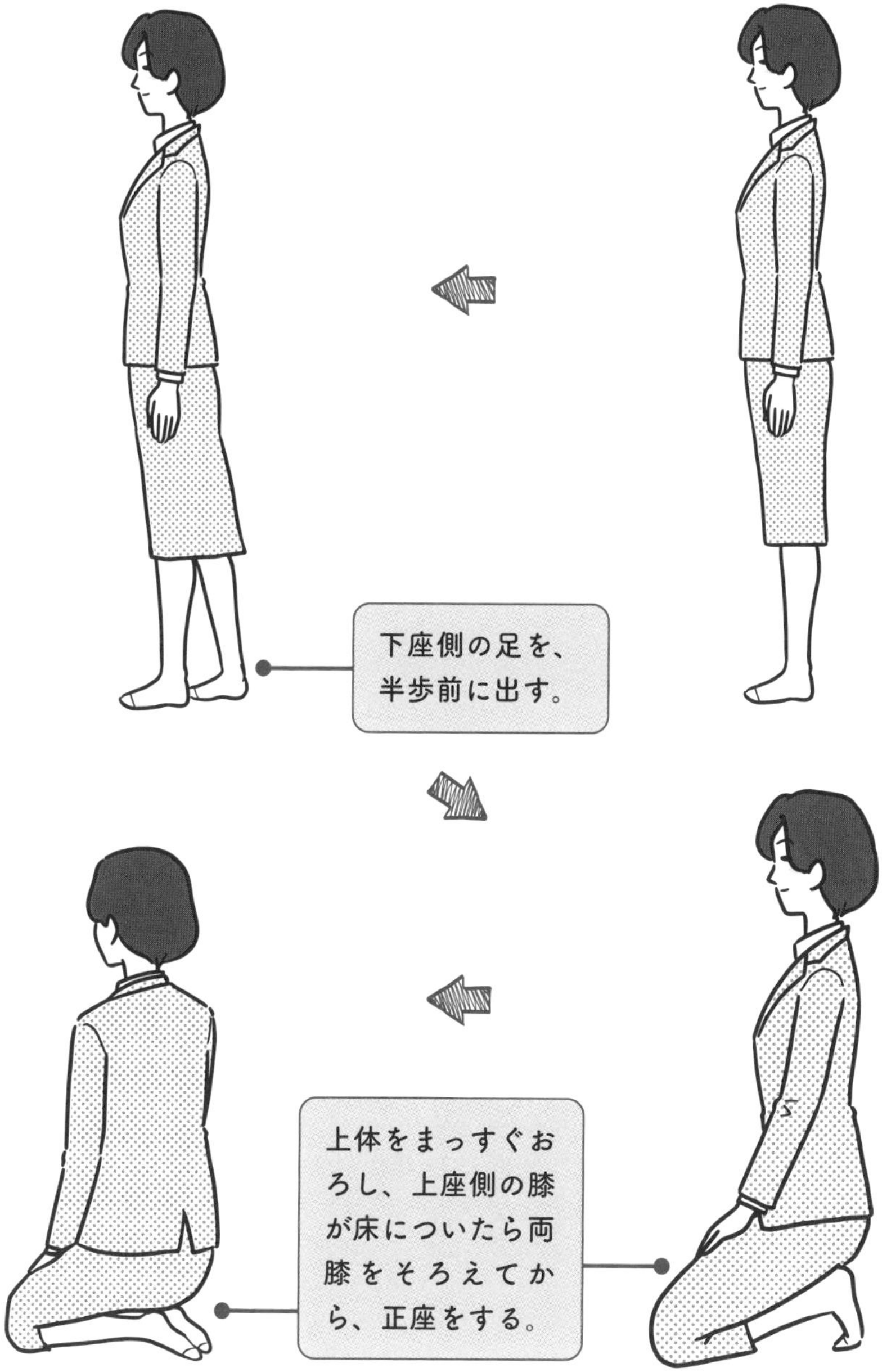
下座側の足を、半歩前に出す。
上体をまっすぐおろし、上座側の膝が床についたら両膝をそろえてから、正座をする。

椅子の座り方

椅子に座るときは下座側、つまり同席者がいる場合は相手から遠い側に立つようにします。

①まず、椅子の横に立って、椅子の外側の足を一歩前に踏み出す。

椅子の幅がある場合は斜め前に踏み出すと、着物のときなどにすそが乱れにくくなります。また、椅子の背もたれに手をかけて、斜めに足を踏み出す座り方もあります。

②次に、椅子に近い側の足を椅子の正面に出すと同時に、重心を移動させる。

このとき、椅子に近い側の足が、椅子の正面にくるように歩幅を調整しましょう。

③最後に、椅子の外側の足を内側の足に引き寄せて両足をそろえ、膝の後ろが椅子に接するぐらいの間隔で椅子の正面に立つ。

腰かけるときは背筋を伸ばし、上体がなるべく前かがみにならないよう、静かに腰をおろします。上体が前後に動くと膝に負担がかかるので、膝ではなく太ももの力を使って座りましょう。

また、座る動作のときに両足をそろえると筋肉が鍛えられるため、より美しい所作ができるようになります。

椅子にかけるときの足運び

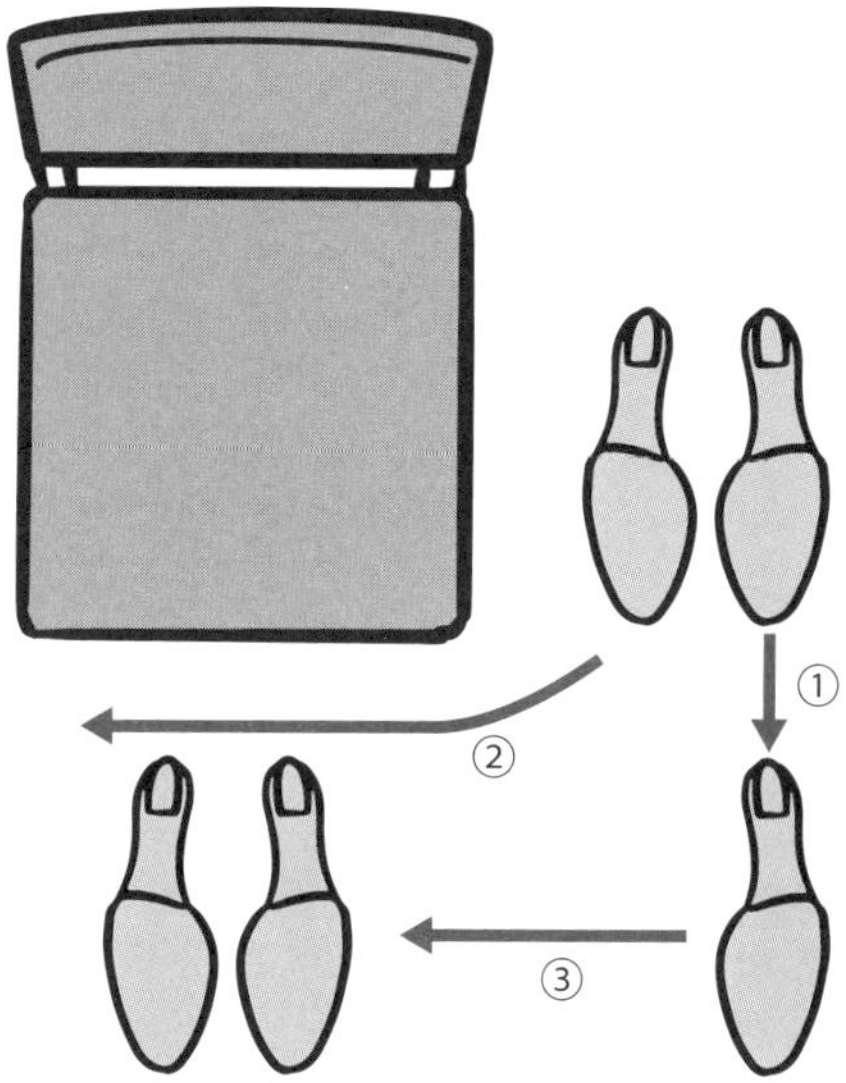

①椅子の横に立ち、椅子の外側の足を一歩前へ出す。②椅子に近い側の足を椅子の正面に移し、③外側の足を引き寄せて椅子の前にそろえる。

椅子から外れるときの足運び

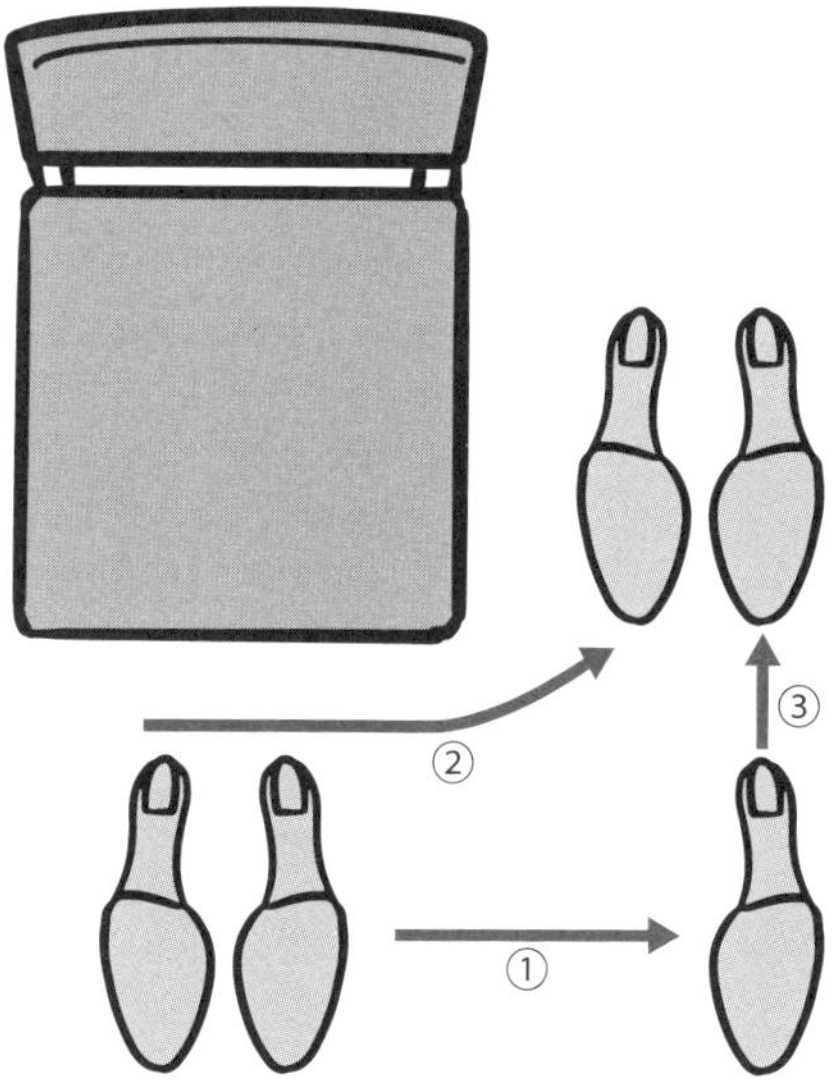

足をそろえ、太ももに力を入れて立ち上がり、①椅子の外側の足を横に踏み出す。②椅子に近い側の足を椅子の横に移動し、③外側の足を引いて、両足をそろえる。

膝行《しっこう》・膝退《しったい》

畳の上で座ったまま膝を使って前進することを膝行、後退することを膝退といいます。膝行も膝退も、座っている人の前や仏前などで行ない、和室の中で正座の状態から短い距離を移動するときに使います。

膝行は、

①両手を握って親指を立て、両膝の脇に置く。

両手を置くときは膝がしらより前に置かないように注意します。

②両手に力を入れて体を支え、膝先を少し上げ、体を浮かせつつ前に進む。

一度に大きく進もうとせず、にじり寄る動作を何度かくり返して少しずつ進みます。

膝退で後ろに下がるときは、膝行とは逆の動作を行ないます。

①親指を立てて握った手を体の脇に置く。

②膝を少しだけ浮かせながら下がっていく。

このとき、両手の位置が膝がしらより前に出ない位置でとどめ、後ろに下がる動作を何度もくり返します。

座っている人のそばまで立って近づくと、その人を見下ろすことになって失礼です。つねに立ったり座ったりすると落ち着きがなく見えるので、膝行・膝退が必要とされたのです。

膝行の動き

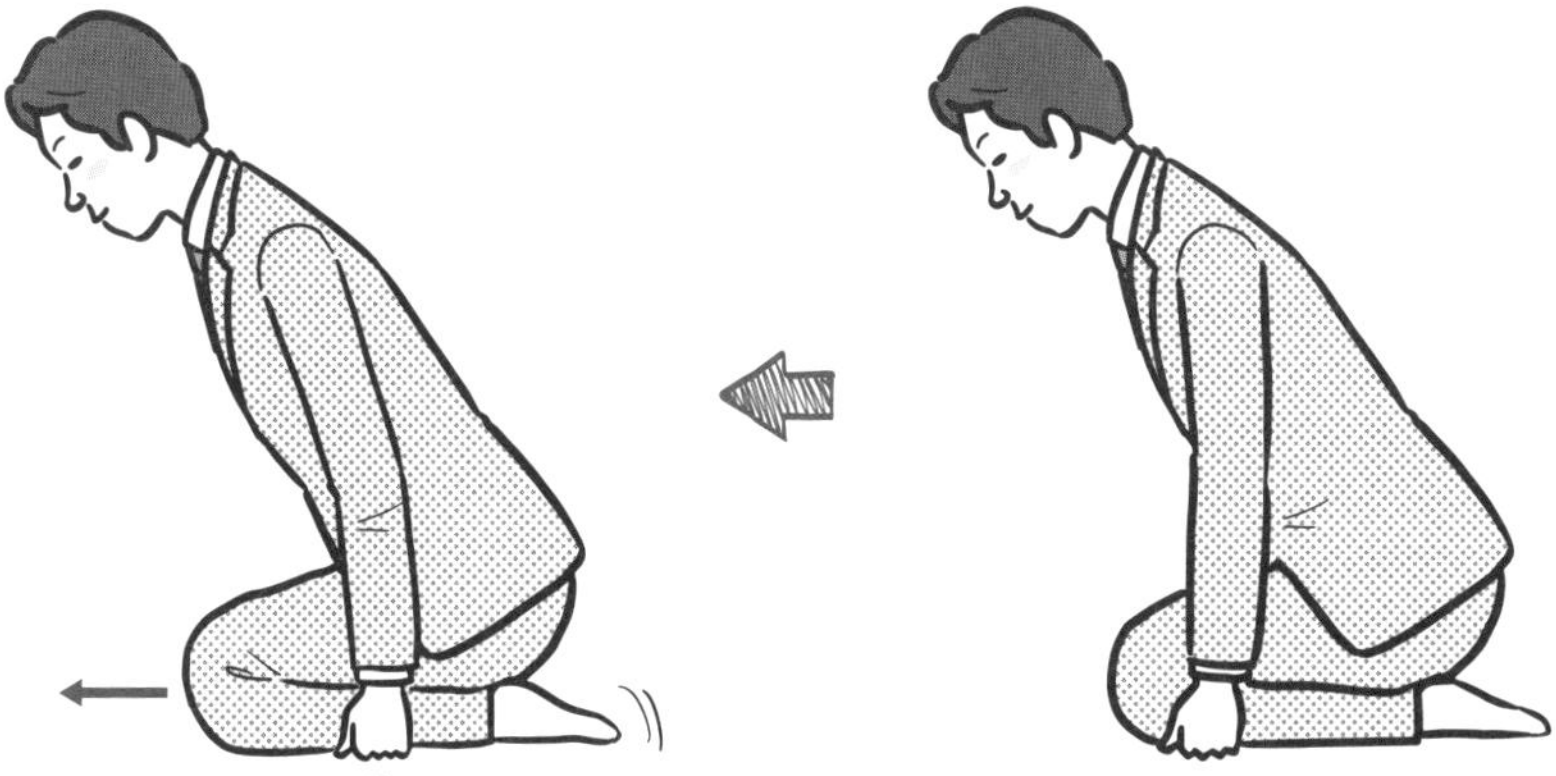

両手に力を入れて体を支え、膝を浮かせつつ少しずつ前に進む。手を握るときは親指を立てる。

両手を膝の脇に置くときは、膝がしらより前に出ないようにする。

膝退の動き

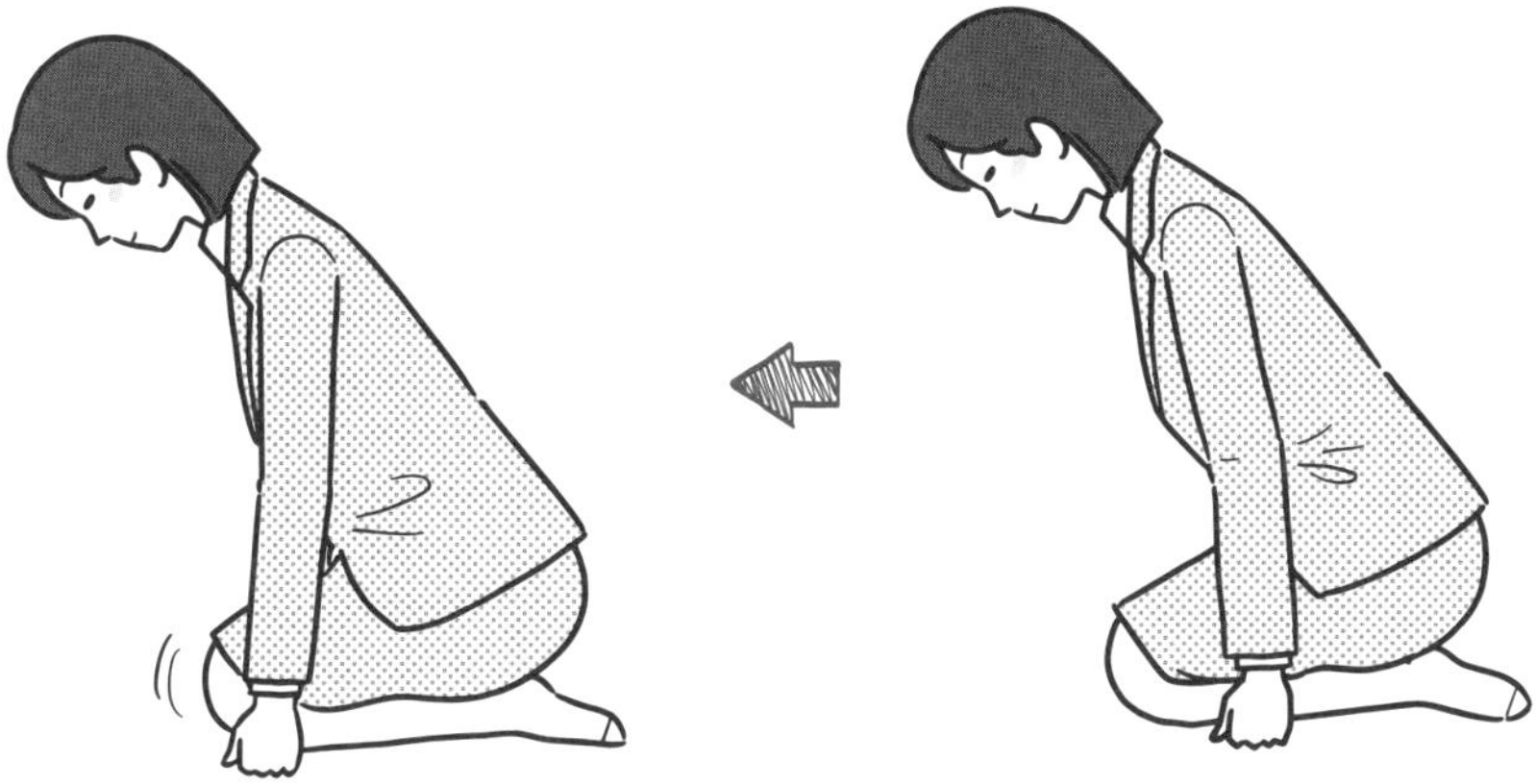

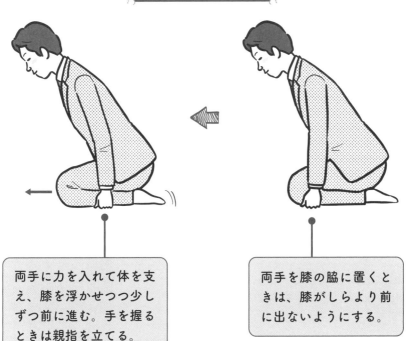

座布団の座り方

座布団の下座側の真横に座って跪座の姿勢をとり、上座側の膝を少し浮かせて体を45度回し、下座側の膝から座布団に乗せる。

和室にあらかじめ座布団が用意されている場合、座布団の後ろ、または横から座るという2通りの入り方があります。座布団の上に足の裏をつけてはいけません。

横から入るときは、

①座布団の下座側の真横に座り、跪座の姿勢をとる。

②上座側の膝を少し浮かせて45度回り下座側の膝から座布団に乗せていく。

③膝の横に軽く握った手をついて、体を支えながら座布団に入る（手は座

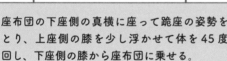

なお、座布団からの降り方については、ほぼ入り方の逆の手順になります。座布団の上で跪座となり、足を開いて下座側に降ります。両足のつま先が降りたら軽く膝を浮かして回り、正面に直ります。

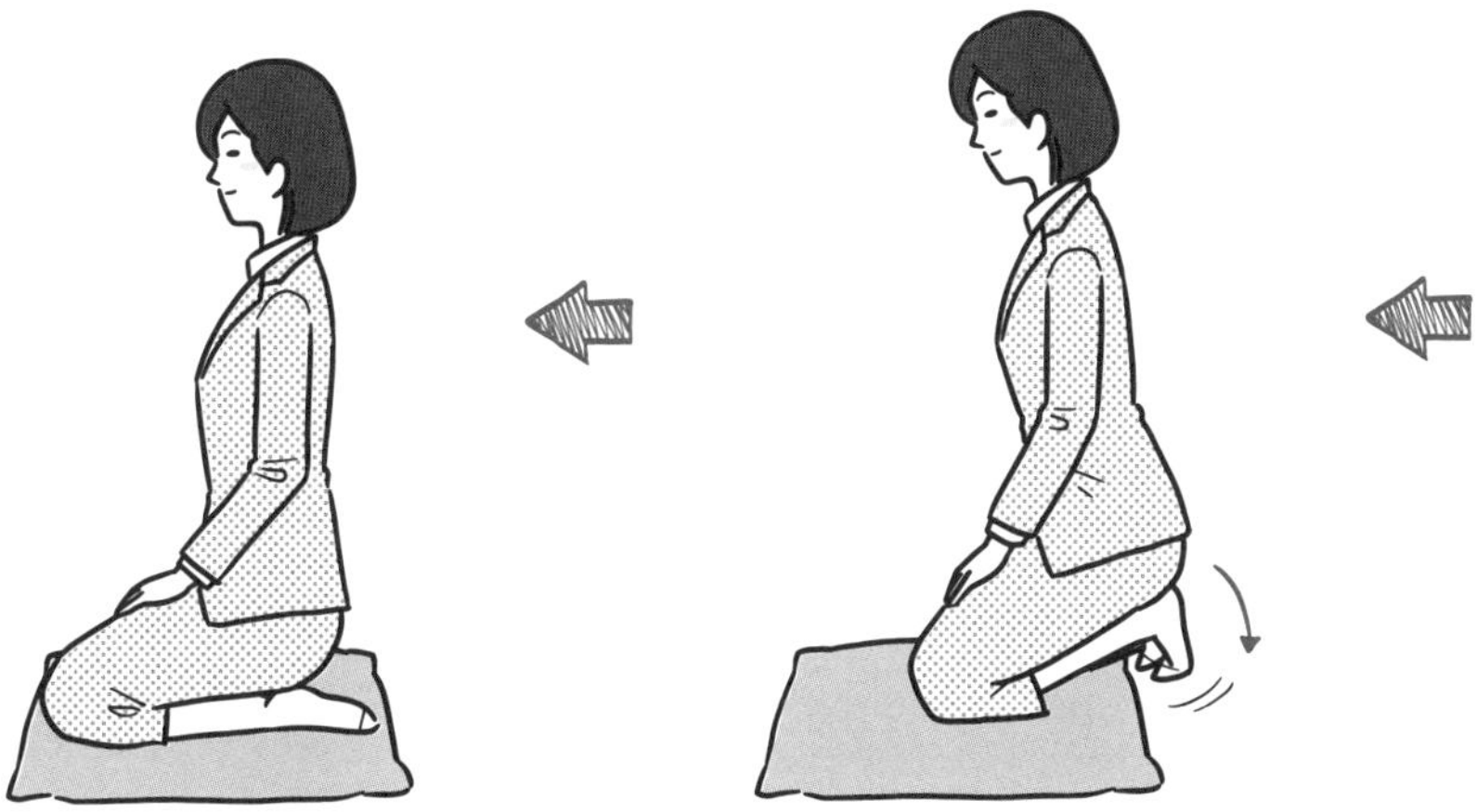

手をつくときは、膝の横に軽く握った手をついて、体を支えながら座布団に入る。そのあと、膝行で座布団の中央まで進む。

布団の上についてかまわない)。

④膝行して座布団の中央まで来たところで、体の脇に軽く握った両手をつき、体を正面に向ける。

後ろから入るときは、

①座布団の後ろ側に座って、跪座の姿勢となり、下座側の膝を座布団に乗せ、さらにもう一方の膝を進める。

②両膝を座布団の端に乗せたら、体の脇に軽く握った両手をついて、体を支えながら膝行する。

③膝行を何度かくり返して座布団の中央に進み、すその乱れを直してから、正しく座る。

ちなみに、あいさつをするときは座布団から降りて行ないます。

座った状態での回り方

座った状態で向きを変えるときは、まず、正座から跪座の態勢になります。

女性の場合、左側に方向転換するときは、

①手は太ももの上に置いたまま、つま先を立てる。両足のかかとをつけたまま、左足のつま先を左に開く。

②左足の膝を少しだけ浮かせて、その膝を床についている右膝で押すようにしながら、ゆっくり向きを変える。

これは、回りたい方向につま先を開いて、開いた分だけまわる方向転換の方法です。着物を着ているときは、すそをあまり乱さずに向きを変えることができます。体の脇に手をついて左右の膝をつけたまま、2～3回に分けて向きを変える方法もあります。

男性の場合は、大きな角度で回りましょう。左側に回る場合、

①跪座の姿勢から回りたい方角と反対（この場合は右）の足を一歩前に踏み出す。

②左膝は床につけたまま、右膝で左足を押すように体を回転させると、途中から左膝が浮いて右膝が下がる。

体を安定させながら一定の速度で回ると、流れるように向きを変えられます。

座った状態での回り方

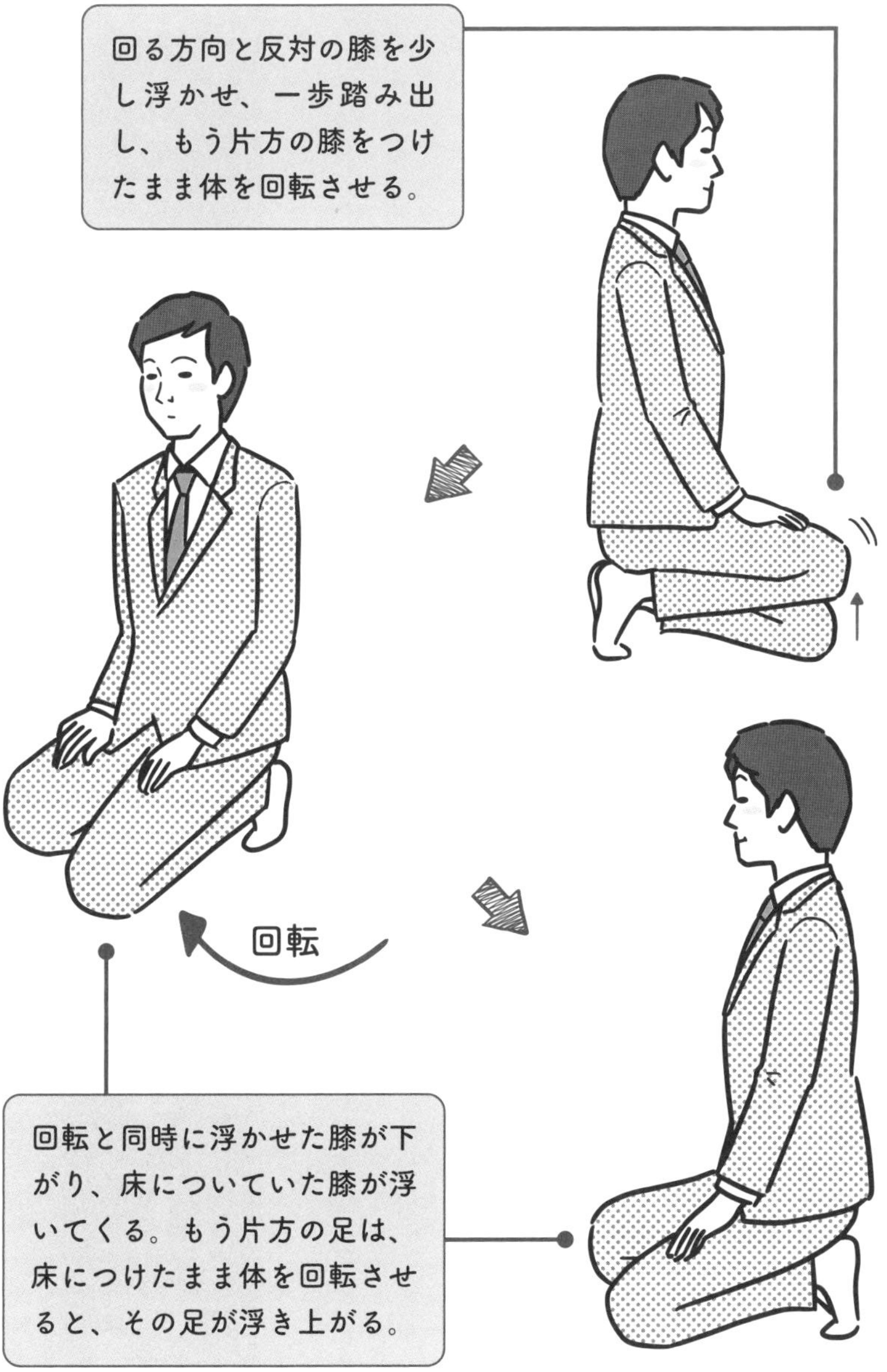
回る方向と反対の膝を少し浮かせ、一歩踏み出し、もう片方の膝をつけたまま体を回転させる。
回転
回転と同時に浮かせた膝が下がり、床についていた膝が浮いてくる。もう片方の足は、床につけたまま体を回転させると、その足が浮き上がる。

歩き方・美しく見えるフォーム

歩く動作は何気なくできてしまうため、きちんと教わる機会はなかなかありません。

そのため、日ごろからまちがった歩き方をしていて、疲れやすくなっていたり足腰を痛めたりする人もいます。無意識に体へ負担をかける歩き方をしている場合があるので、正しい歩き方を心がけましょう。

歩くという動きは、**あごを引いて背筋を伸ばす正しい姿勢から始まります。体が前後左右に揺れることがないように意識し、前に運ぶ足と後ろ足の中間あたりである体の中心に、重心があることをつねに意識して歩いてください。**

そして、膝から下を蹴り出すようにして歩きだします。蹴り出した反動で前に進むのではなく、膝から上の太ももを使い、蹴り出した足はかかとから着地させます。正しい姿勢をキープしながら歩き、手は自然なかたちで軽く振ります。

足は、平行に前へ出します。つま先がハの字に開くような歩き方は、骨格の構造にかなっていないため、膝を痛める可能性があるので気をつけてください。

歩き方

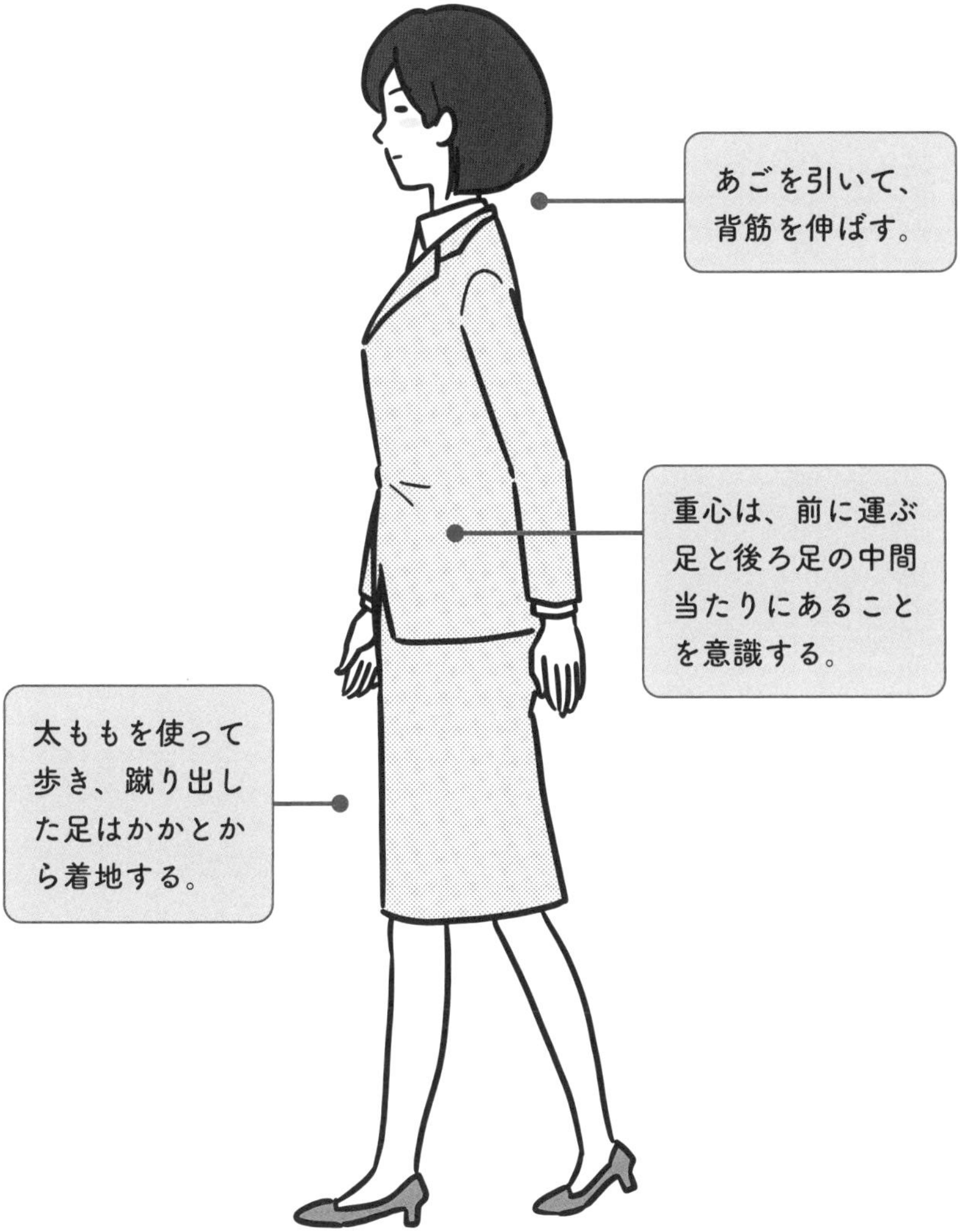
あごを引いて、背筋を伸ばす。
重心は、前に運ぶ足と後ろ足の中間当たりにあることを意識する。
太ももを使って歩き、蹴り出した足はかかとから着地する。

正しい歩き方のポイントは、**1本の線をはさむようなイメージで、足を平行に出すことです。**かかとを意識しながら、太ももを使って足を上げて歩くことができていれば、雨の日に自分の衣服に泥がはねません。

歩幅は左右で同じにします。男性は2間（約3・6メートル）を約7歩、女性は約9歩という目安がありましたが、現代より小柄な人が多かった時代の基準なので、こだわる必要はありません。

ただ、歩幅が大きすぎると重心がずれやすくなります。体格に合わせて自分なりに歩幅を調整してみてください。

屋外を歩くときは、**視線を水平に保ちます。空間が狭い室内では4～5メートル先を見るような感覚で歩きましょう。**

自然なフォームで歩くには、呼吸と動作を合わせることがポイントです。室内では吸う息で一歩、吐く息で一歩、屋外では吸う息で2歩、吐く息で2歩のリズムがよく、流れるような美しい歩き方になります。

また、曲がるときは、広い場所では弧を描くように歩きながら向きを変えます。

直角に曲がる場合、

①右に曲がるときは左足をまっすぐ出す。

②そこに右足を運びながら左足のかかとのところで直角に向きを変えて曲がる。

左足のかかとより前に右足が出てしまうと姿勢が崩れるので注意してください。このときも、呼吸と動作を一致させます。

正しく歩くことができれば、全身運動になって汗だくになります。続けていくと、健やかで均整のとれた美しい体をつくることにもつながります。

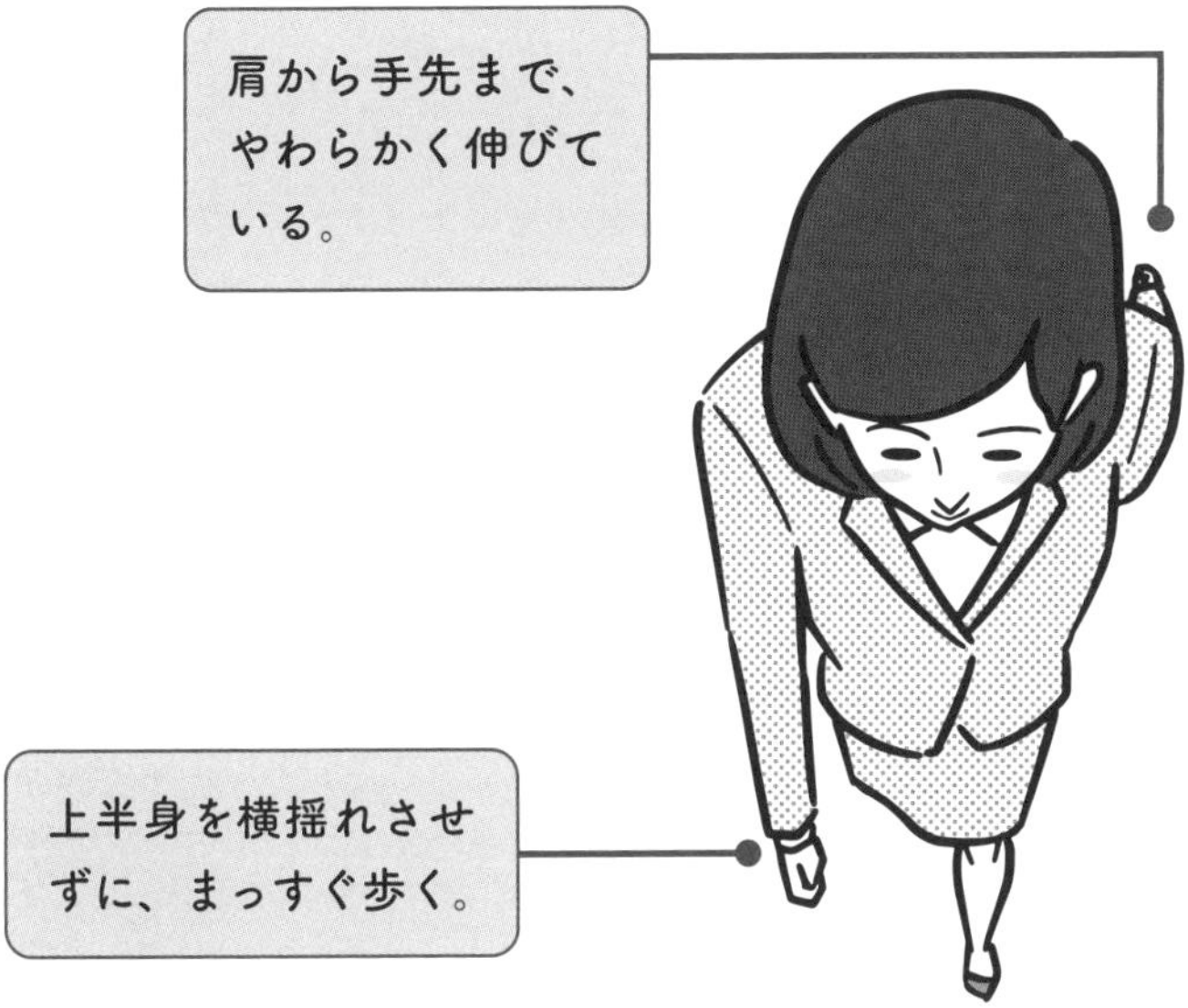
肩から手先まで、やわらかく伸びている。
上半身を横揺れさせずに、まっすぐ歩く。

直角に曲がるとき

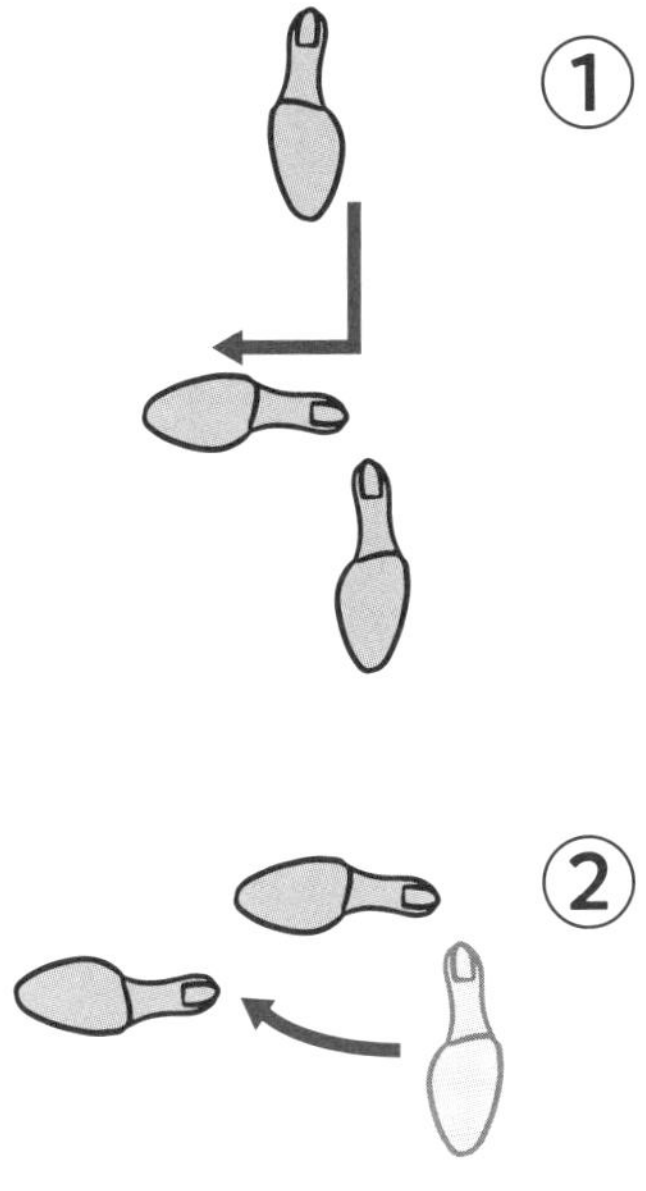
①
②

よくあるNG例

点線は正しい手の振り幅。ひじを曲げて手をブラブラ振ったり、外に広げたりしない。腕をふるときに、肩幅以上に外へ広げないように気をつける。

だれかと一緒に歩くときの所作

だれかと一緒に歩く際、手足の動作や前後左右、どちらを歩くかなどについて絶対的な決まりはありません。同行する際に、こうすれば万事解決といった所作は存在しないので、状況に応じて臨機応変に変えましょう。

だれかと同行する際、**もっとも大切なのは、安全に同行すること、そして同行する人や先方に対する礼を失わないことです。**ただし、礼儀にとらわれるあまり、安全で合理的な動きがおろそかになっては本末転倒です。

外を歩く場合、**安全や相手に対する礼を失わないという2点だけ意識します。**そのときの状況や道幅、歩道の有無がどうであれ、また、同行者がどんな人でも、自分がどう行動すべきか判断できます。

歩道や道幅が狭い、歩道がない道などさまざまな状況がありますが、だれかと同行する際は同行者を車から守るために、自分が車道側を歩くということを意識します。

女性や子どもなどの同行者は、自分が盾になるように車から遠い方を歩いてもらって守ります。小さい子どもと歩く場合など、年齢しだいでは手をつなぐとよいでしょう。

外を歩く場合、同行する相手には車道側を歩かせない。屋内でも、相手への気配りを忘れないようにする。

行き逢いの礼

知り合いとすれちがうときは、おたがいの安全を保ちながら相手に敬意を表します。

そのまま歩くとぶつかる可能性もあり、危険です。また、目上の人に対してはたいへん失礼なので、いったん立ち止まります。

目上の人とすれちがう場合は、

①5〜6歩手前まで近づいたら立ち止まり、会釈をして脇に控える。

②相手が前を通るとき、両手が膝がしらの上までくるように敬礼する。

③相手が通りすぎたら手を太ももに戻し、会釈し、相手が通りすぎたのを確認してから、体を起こして歩き始める。

同僚や目下の人とすれちがうときは、**数歩手前まで近づいたら、おたがいに左斜め前に進み、会釈をして同時に歩き出します。**

階段で、目上の人が降りてきたり、昇ってきたりする場合、その場で待ちます。自分が階段を昇っている最中に目上の人が降りてきたら、その場でとどまって壁際に寄って待ち、相手が自分の2・3段上まで降りてきてから会釈します。

自分が階段を下りている最中であれば、上

目上の人とすれちがう場合

相手が通りすぎるまで、会釈したまま脇に控える。

同僚とすれちがう場合

おたがいに左斜め前に進み、礼をして歩き出す。

からあいさつをするのは失礼にあたるため、相手が自分と同じ段に昇ってくるのを待ってから会釈します。

目上の人とすれちがって左に避ける場合、

①立ち止まって両足をそろえて立つ。

②右足を後ろ90度に退いたあと、左足も90度後ろに退く。

このとき、他に歩いている人がいたら、邪魔にならないように気をつけましょう。

③この状態では右足が前、左足が後ろの位置にあるので、右足をさらに一歩退く。

④左足を一歩退いて、両足をそろえ、道を開ける。

自分が90度左に退避すれば、相手は進路をふさがれずに歩き続けることができます。

⑤敬礼・会釈をして相手が通りすぎていってから体を起こし、左足から歩き始めて、もとの道に戻る。

同僚や年下の人と行き逢うときは、

①おたがいに左足から左斜め前の方向に2歩進んで足をそろえ、相手側に向かい合い、同じタイミングで普通の礼をする。

②左足を進行方向に一歩まっすぐ踏み出したあと、右足を右斜め前に進めて、もともと歩いてきたライン上におたがいが戻り、歩き出す。

ちなみに自分が目上の場合は、たがいが近づいたときに会釈程度の浅い礼をします。

スペースの確保がむずかしいといった周囲の状況しだいでは、省略したかたちで対応することも必要です。

自分の動作をいったんとめて、相手の自由になる空間や時間を確保するように努めることによって、心づかいを示しましょう。

同僚や年下

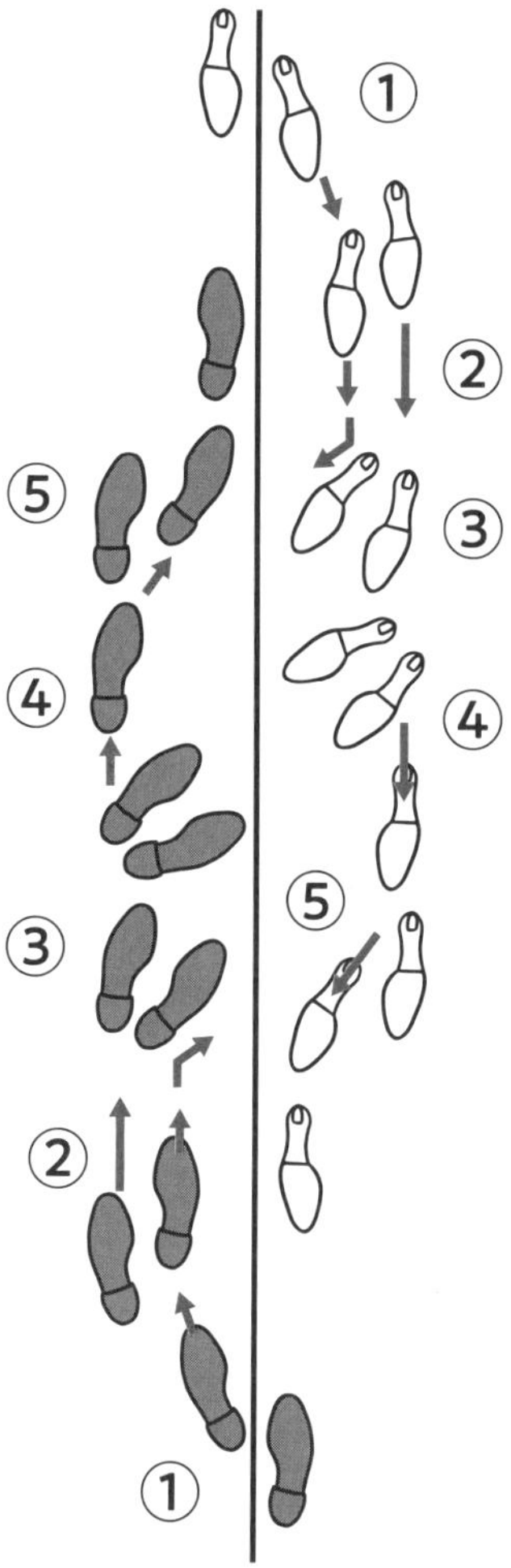

①おたがいに左斜め前に移動し、
②二歩進み、③足をそろえて一礼。
④左足を進行方向に踏み出し、
⑤元々歩いていたライン状に戻る。

目上の人

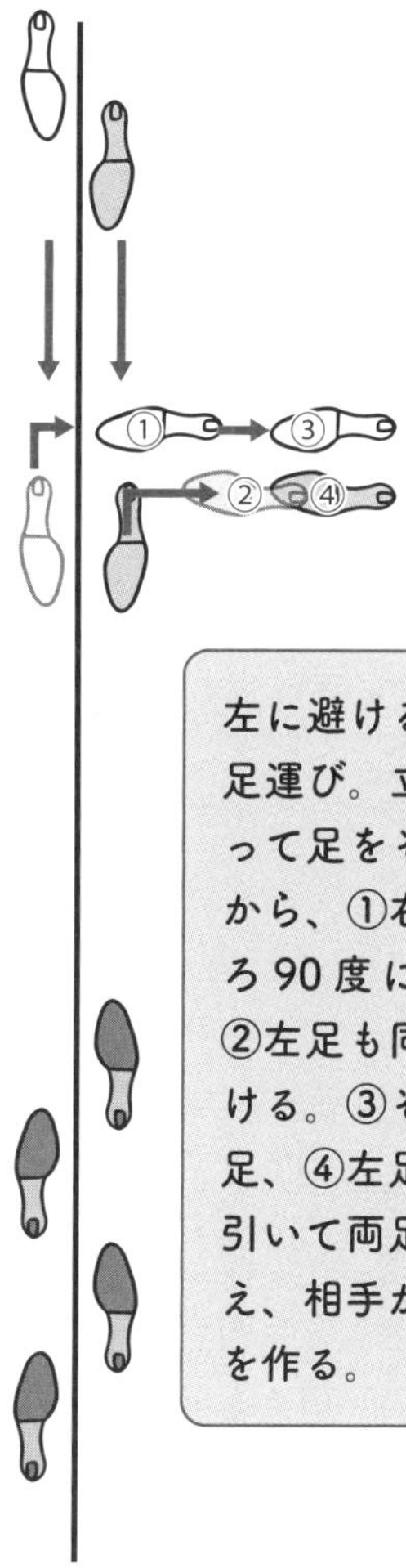

左に避ける場合の足運び。立ち止まって足をそろえてから、①右足を後ろ90度に退け、②左足も同様に退ける。③そして右足、④左足を一歩引いて両足をそろえ、相手が通る道を作る。

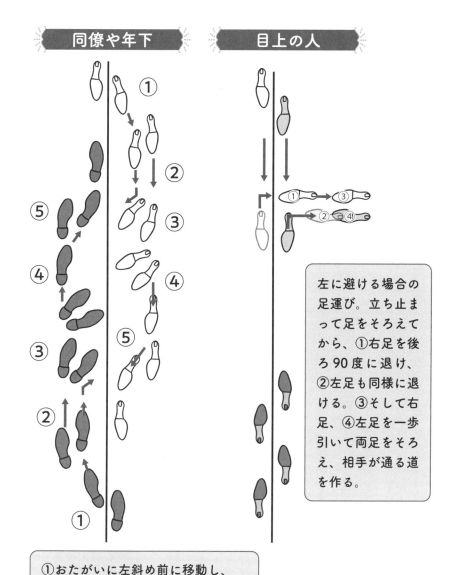

前通りの礼

人の前を横切るのは大変失礼にあたるので、通らないことが原則です。ただし、そうしなければ目的の場所にいけない場合は、せめて礼を尽くしましょう。

人の前を通らざるを得ない状況のとき、相手に対する敬意を最大限に表現する方法が「前通りの礼」です。「申し訳ありませんが、前を通らせていただきます」という気持ちを込めることが求められます。

上位者の前を下位者が通る場合は、

①立ち止まって上位者へ体を向け、ていねいに礼をする。

②答礼を確認してから、下座側の足を引いて進む方向に向きを変え、上座側の足から歩きはじめる。

椅子に座っている自分の前をだれかが通る場合、その人が自分よりも上位者のときは、

①椅子から立ちあがって下座側へ外れ、浅く礼をしてそのまま待機する。

②その人が前を通るときにていねいな礼をし、ある程度通り過ぎたのを確認してから体を起こし、椅子に腰かける。

視界をさえぎる時間ができるだけ短く済むように、礼をしたら足早に通り過ぎます。

相手の前を通りすぎる場合

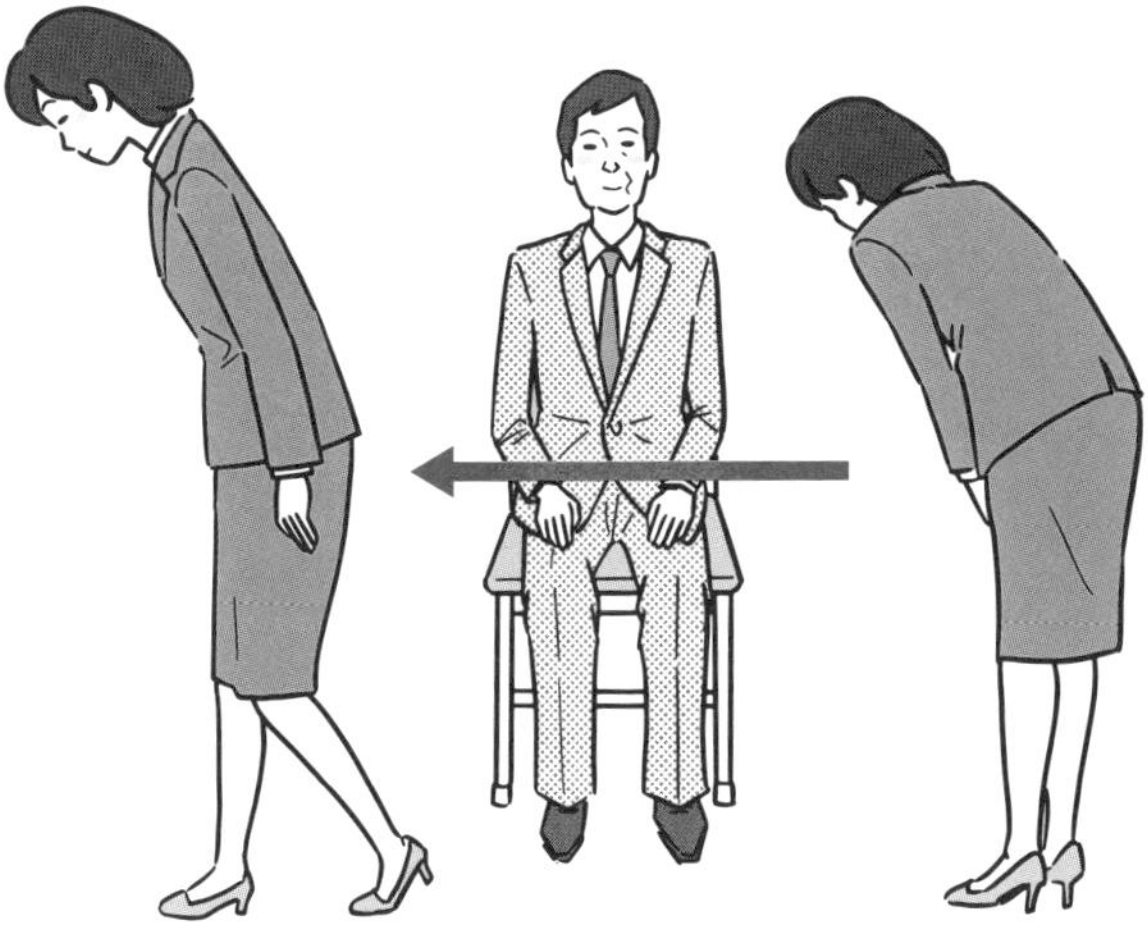

通り過ぎる前に立ち止まり、深い礼をしてから、相手の視界をさえぎるなどの不快な思いをさせないよう足早に通過する。

だれかが前を通る場合

椅子から立って下座側に外れ、浅い礼の姿勢で待機し、相手が通り過ぎるタイミングで深く一礼する。体を起こして椅子に腰かけるのは、相手がある程度通り過ぎてから。

車の乗り降り

車の中は狭い空間なので、乗り降りにはコツが必要です。

乗車するときは、

①まず持ち物を先に車内に置き、車体に背を向けて座席の端に浅く腰をおろす。

②両足をそろえて浮かせ、座席上で腰ごとスライドさせて足を車内に収める。

③深く座りなおして正面を向く。

足をそろえるとき、両足の膝を離さずにつけたままにすると、品のある動きに見えます。

降りるときは、

①ドアの近くに体を寄せて足をそろえ、腰を半回転させて車の外に足を出す。このときも、両足の膝はつけたままで動くことを意識する。

②両方の足先が地面に着地してから、立ち上がって車外に出て、簡単にすそのチェックをして、素早く整える。

乗り降りの際は、体を支えるために両足を大きく開いたり、足に力を入れて踏ん張ってしまったりするときれいに見えません。態勢が不安定な場合は、車内の手すりや上部にあるアシストグリップ、ほかに背もたれなどのつかめる部分を探して、体を支えてください。

乗車・降車時の動作

両足をそろえて、膝をつけたまま浮かせる。

膝をつけたままで両足を地面に着地させる。

傘の持ち方・閉じ方

雨が降ったときは、他の人に迷惑をかけないように傘を使いましょう。傘をさすときは、体の斜め下に先端を向けてゆっくり開きます。いきなり上に向けて傘を開くと、周囲の人に当たってけがをさせるかもしれません。ワンタッチで開く傘はとくに勢いよく広がるため、注意します。

傘を持つときは、**柄の部分を中指、薬指、小指で軽く握って人差し指は軽く添え、親指の腹を柄にあてて支えると上品に見えます。**背筋を伸ばしてまっすぐに開いた傘を持ちます。肩にかけて傾けると雨に濡れやすくなり、品格に欠けて見えるので避けましょう。

水滴を払うときは、**傘を開いたまま、ろくろの部分を持って2、3回開閉します。または傘を閉じて下に向け、露先をまとめて持って上下に軽く振ります。**傘を左右に振るとしぶきが飛散してしまうので、水滴は静かに下に落とします。

傘をたたむときは、**生地をつまんで1枚ずつ中棒に巻いていき、最後に胴ネームでとめます。**石突きから絞りあげるように巻くと中棒がゆがんだり、手の汚れなどで撥水コーティングが劣化したりしてしまいます。

よくあるNG例

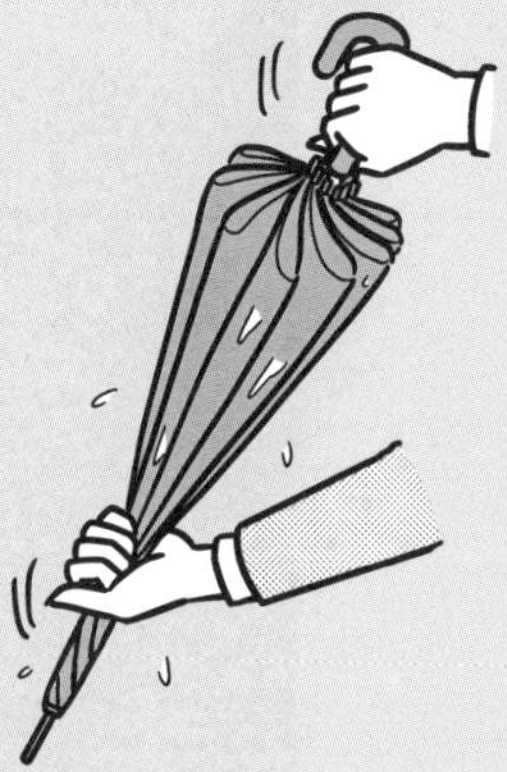

絞りあげるように巻くと中棒がゆがんだり、表面に手の汚れがついて撥水コーティングが劣化したりする場合もある。

生地をつまんで、1枚ずつ中棒に巻いていく。

よくあるNG例

柄の先の部分を外側にして持つと、傘の先端が周囲の人に当たる危険性がある。

柄の先の部分が自分の体側にくるように持つ。

お金の支払い方

お店でお金を支払うときは、店側が用意したトレイにお金を乗せます。紙幣やコインを複数使うときは、紙幣の上に硬貨を置くと、重し代わりにもなりスマートです。直接手渡しする際も、お札の上に硬貨を乗せれば落としたりするのを防げます。

トレイに乗せるときは、**金種ごとに向きをそろえ、お札を少しずらしておくと見えやすくなります。**硬貨を金種ごとにまとめておくのも、確認するときに便利です。

紙幣も硬貨も多くの人の間を循環するので、年月が経つと古びて劣化していきます。

しかし、新旧や金額にかかわらず、お金をぞんざいにあつかうのは厳禁です。また、自分が客だからといってお金を放り投げたり、トレイの上から硬貨を落としたりするのは品位に欠ける行為です。

他人との間でちょっとしたお金のやり取りをするときは、**よほど親しい間柄か、あるいはその場で精算する場合でない限り、むきだして渡してはいけません。**お札は、封筒の表側に肖像画がくるように向きをそろえて入れます。集金などで封をするとかえって手間がかかる場合は、封をしなくてもかまいません。

とくにコロナ禍のなかで、レジでのやり取りでおたがいの手で直接紙幣や硬貨を受け渡すことも少なくなっている。お店で支払いをする際、トレイ上にていねいにお金をのせる。

よくあるNG例

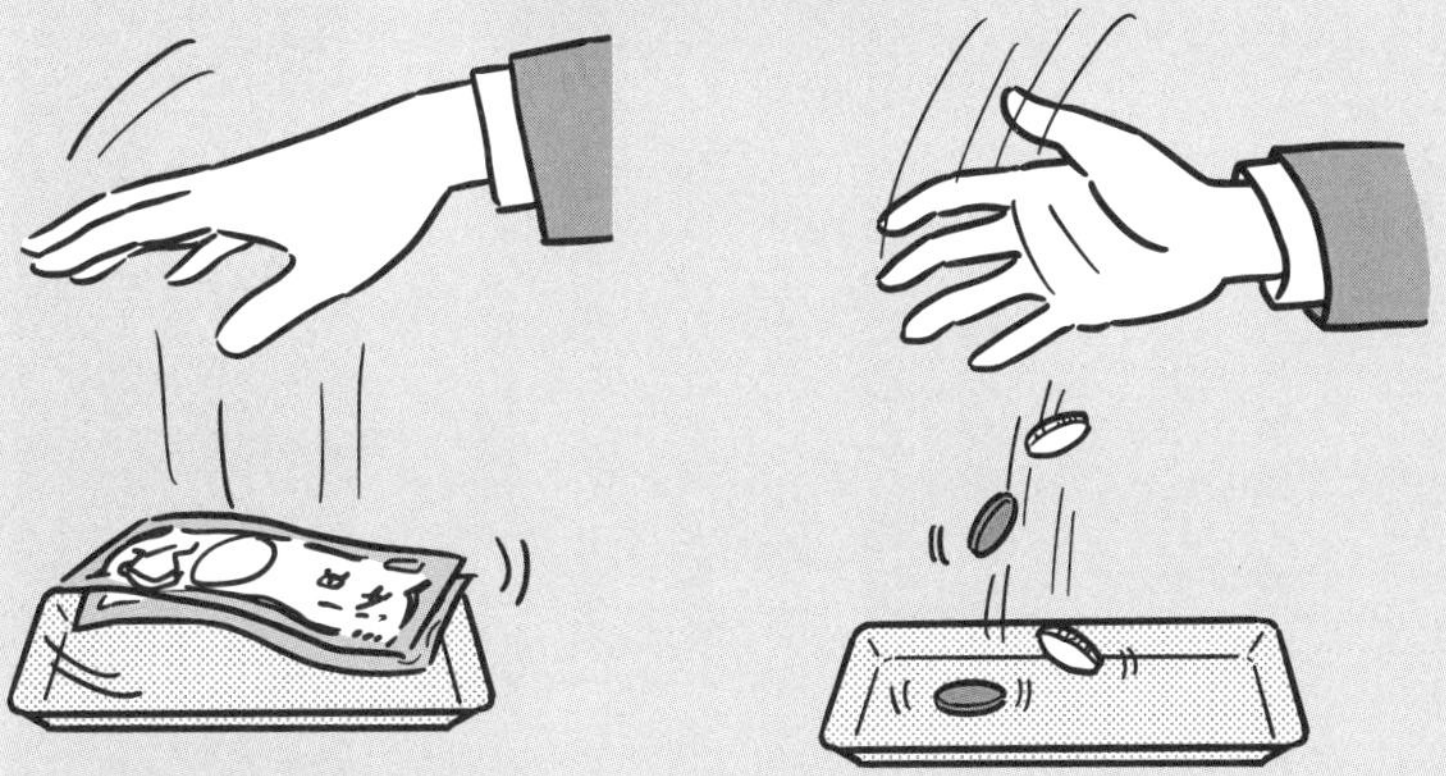

トレイにお金を乗せるとき、乱雑な振る舞いをするのはNG。高額となる場合は小銭やお札がなるべく多くならないようにする。この場合は、クレジットカードなどキャッシュレス決済で支払いをするのも、店員の手間を省き、会計の時間を短縮できる。

上着の脱ぎ方

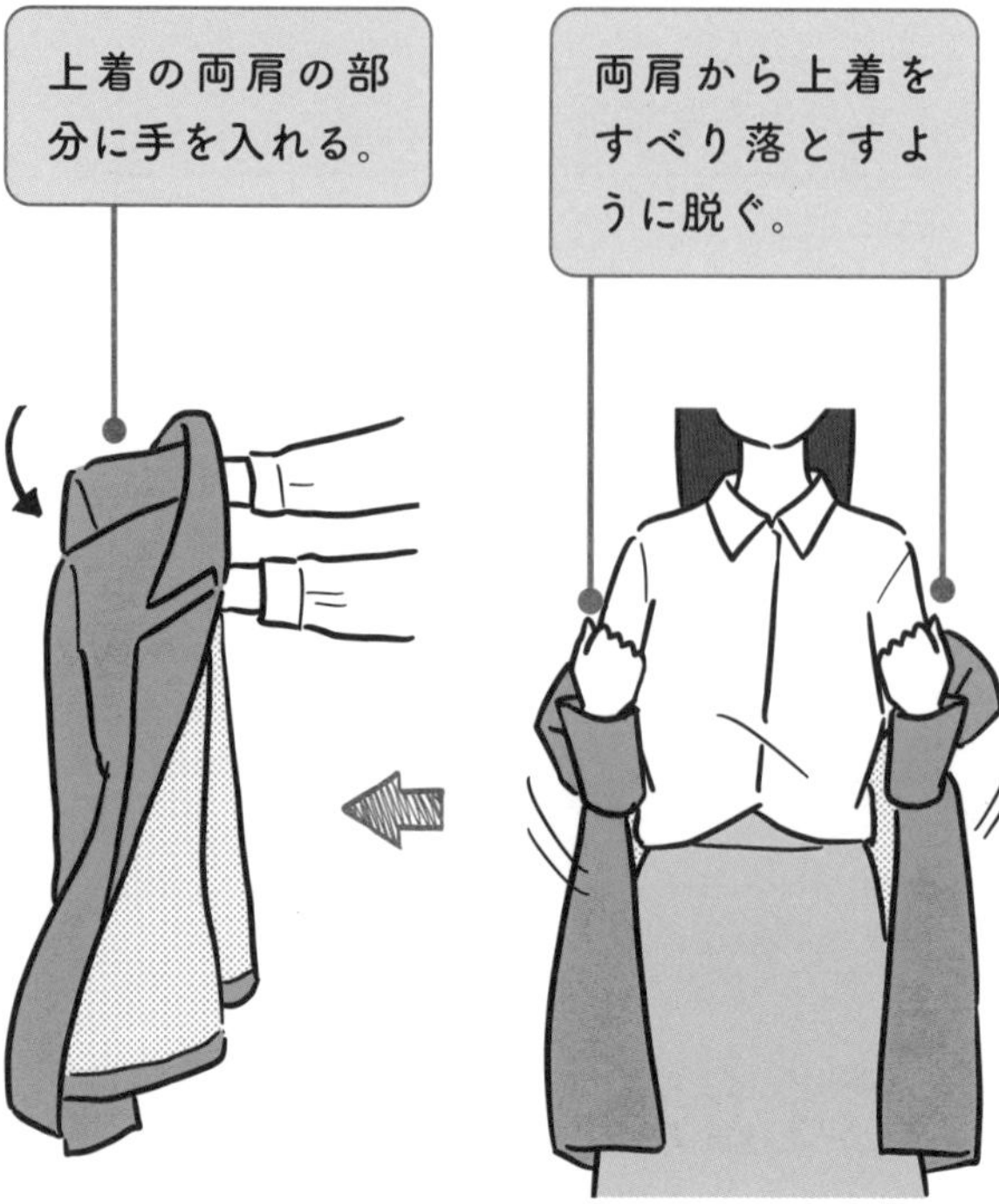
両肩から上着をすべり落とすように脱ぐ。
上着の両肩の部分に手を入れる。

訪問の際は、呼び鈴を押す前に玄関の外で上着類、マフラー、手袋を外しておきます。

コートやジャケットなどの上着類は、

①脱いだあと、両肩に手を入れて裏返すと裏地が表に出る中表になる（裏たたみ）。

②ふたつ折りにして腕にかけて、身だしなみを簡単に整えてから呼び鈴を押す。

昔の武士は、訪問先の門をくぐる前に笠や合羽を脱いでいました。これ

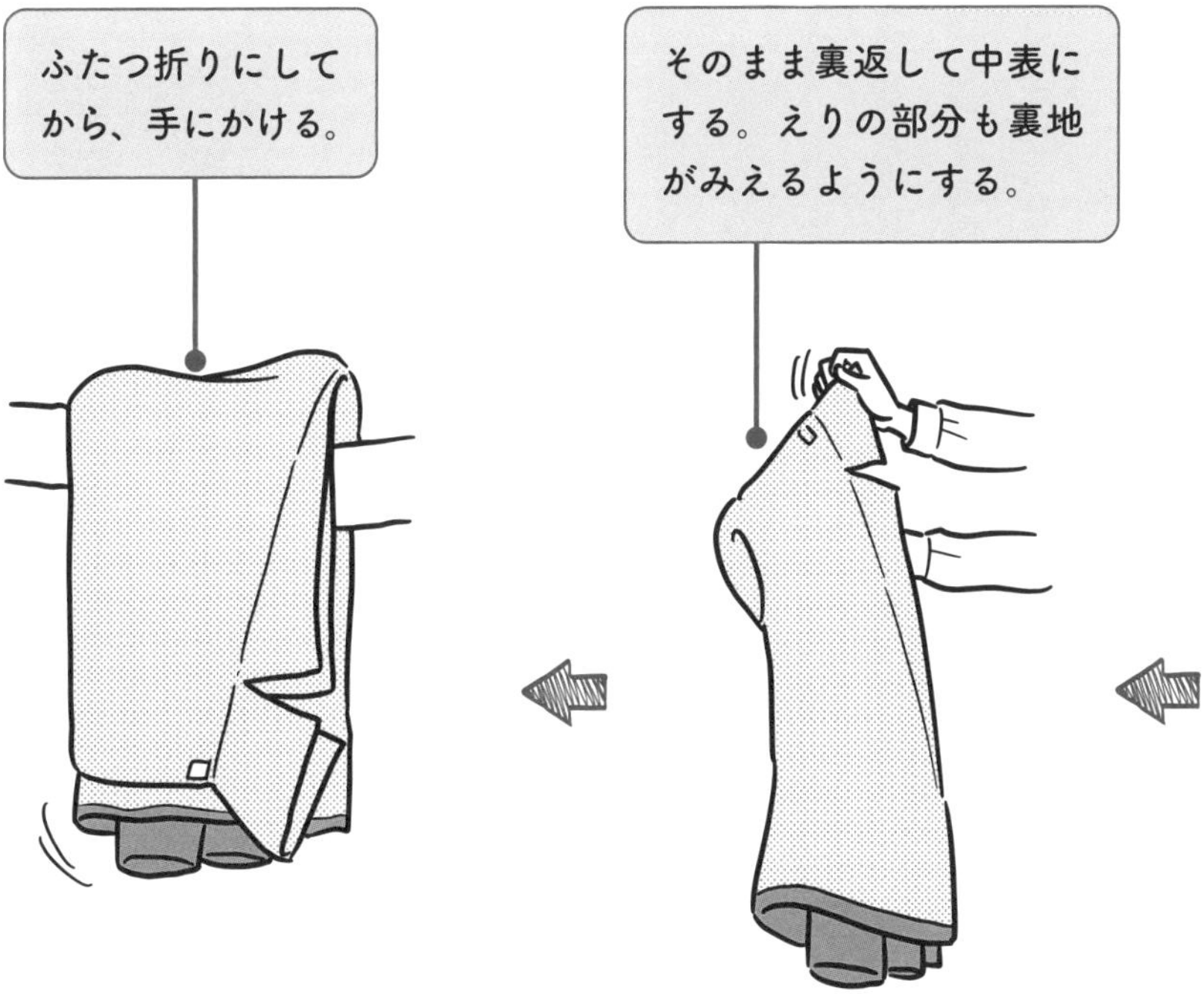
そのまま裏返して中表にする。えりの部分も裏地がみえるようにする。
ふたつ折りにしてから、手にかける。

は、笠や合羽の下に武器を隠していないことを見せて、「危害を加えるつもりはない」という意思表示をしていたためです。現代の日本では、あえて武器がない＝敵意がないことを示す必要はありませんが、外のほこりやちり、花粉を家や室内に持ち込まないという配慮は必要です。

　ビルに入居する企業や団体に訪問する際は、館内で上着類や防寒具を身に着けていても問題ありません。しかし、訪問先の入り口手前では、個人宅に訪問するときと同じように上着類や防寒具を外して裏たたみをして、片手にかけます。あずかると言われたり、コートかけを案内されたりしたら、お礼を言って従いましょう。

せき・くしゃみが出たときの所作

せきやくしゃみをすると、唾液などの飛沫が周囲に飛び散ります。それ自体は仕方がないのですが、周囲の人に病気を移してしまうかもしれません。体調に不安を感じるときは、予防のためにマスクを活用します。

健康な人でも急にせきやくしゃみが出てしまうことがありますが、**間に合うなら必ずマスクを着用します。ハンカチやティッシュで口と鼻をおおってもいいでしょう。ティッシュを使ったあとはすぐにゴミ箱に捨てます。**

口と鼻をおおわずにくしゃみやせきをするのは、咳エチケットに反するので避けます。

マスクやハンカチ、ティッシュが間に合わないときは、手ではなく、上着の内側や服の袖を使って鼻と口をおおいます。

近年は新型コロナウイルス感染症が猛威をふるい、社会的にマスク着用が求められています。外出時にはマスクを着用の上、交換用に何枚か持参しておくと万が一のときに役立ちます。

マスクは鼻からあごまでをおおって顔の間に隙間を作らない、顔が当たるマスクの内側を指で触れない、表裏や上下をまちがえないなど、取扱説明書通りに着用しましょう。

マスクがないときは、ハンカチやティッシュで鼻と口をおおう。

取扱説明書の通りに正しく装着する。

よくあるNG例

素手でおおうだけだと、すきまから飛沫が飛散してしまううえ、自分の手も汚れてしまうので避ける。

間に合わないときは上着の内側や服の袖でおおう。

対面で話す際の振る舞い

対面で話をするときは、相手の話を長時間聞く場面も多いはずです。

話を聞く立場のときは、集中力が途切れることがあるかもしれませんが、悪気はなくても仕草に現れて、相手に伝わってしまうものです。話を真剣に聞いているということを、態度で示しましょう。

対面で話をするときは、相手の顔を見る、そっぽを向かないことなどは常識です。ただ、じっと見つめすぎると相手がプレッシャーを感じるかもしれません。

視線の置き方としては、**上はおでこや生え際あたり、下は胸の高さ、両側は両肩のあたりを基準に四角形で結びます。**その範囲内に視線を向けて相手と話すと威圧感を与えず、自然な感じになります。

会話中は**ときおり相手の目を見たり、四角形で結んだバストショットを全体的に見たりして、視線の向け方を使い分けます。**このとき、頬杖をついたり、背もたれに寄りかかってふんぞり返ったりするのはたいへん失礼です。テーブルの下で相手に見えないからといって、足を組んだりブラブラしたりするのもやめましょう。

対話時の視線の置き方

相手の目の少し上と胸の高さを四角形で結んだ範囲内に視線を向ける。

テーブルの下の足は、相手にみえないからといって足を組んだり、伸ばしたりしないようにする。

名刺の渡し方・受け取り方

名刺交換の場合は、すぐに渡せるように手元に準備しておきます。名刺は自分や相手を体現しているので、折れ曲がったり汚れたりしていないか事前に確認が必要です。

名刺を渡す際は、**座っていても立ち上がり、両手で水平に持った名刺入れの上に、自分の名刺を置きます。**ウエストのあたりで持っていると、大げさでもへりくだりすぎでもなく、自然な印象を与えられます。

先に名刺を渡すのは訪問側、目下の人です。上司と同伴する際は上司の紹介を受けてからになります。**相手に近寄り、自分の名刺を時計回りに180度回転させて、文字が隠れないように端を持ちます。敬意を表し、相手の手元よりやや下から両手で差し出します。**

相手の名刺は右手で受けて左手を添え、名前や役職名などを確認します。相手の名刺も余白を持ち、両手で大切にあつかいます。そのままポケットにしまってはいけません。

同時に交換するときは、**2人とも右手で差し出して左手で受け取るか、おたがいの名刺入れの上に名刺を置くとスムーズです。**

また、面談中の名刺へのメモ書きは、失礼にあたります。

名詞の受け渡し

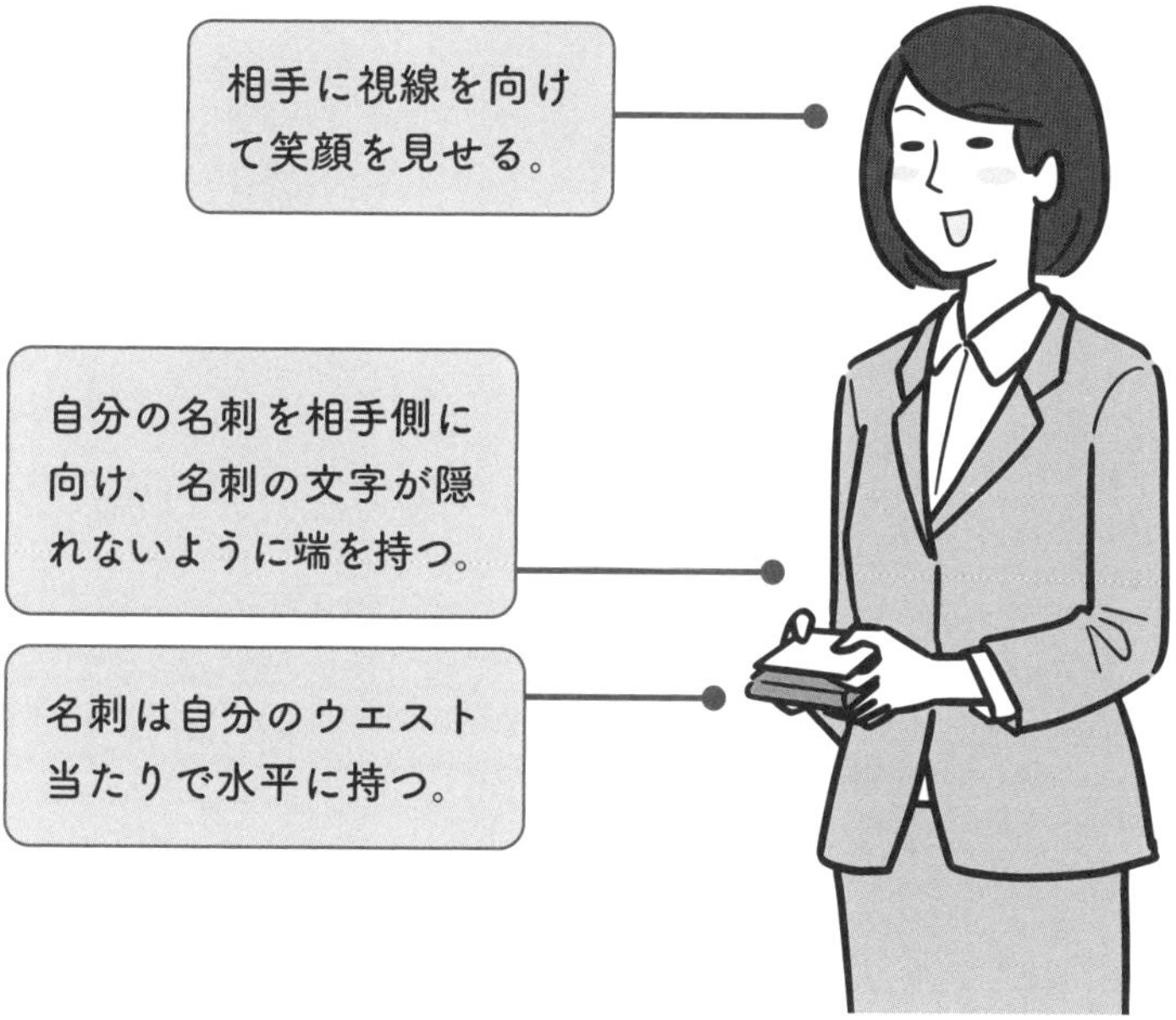
相手に視線を向けて笑顔を見せる。
自分の名刺を相手側に向け、名刺の文字が隠れないように端を持つ。
名刺は自分のウエスト当たりで水平に持つ。

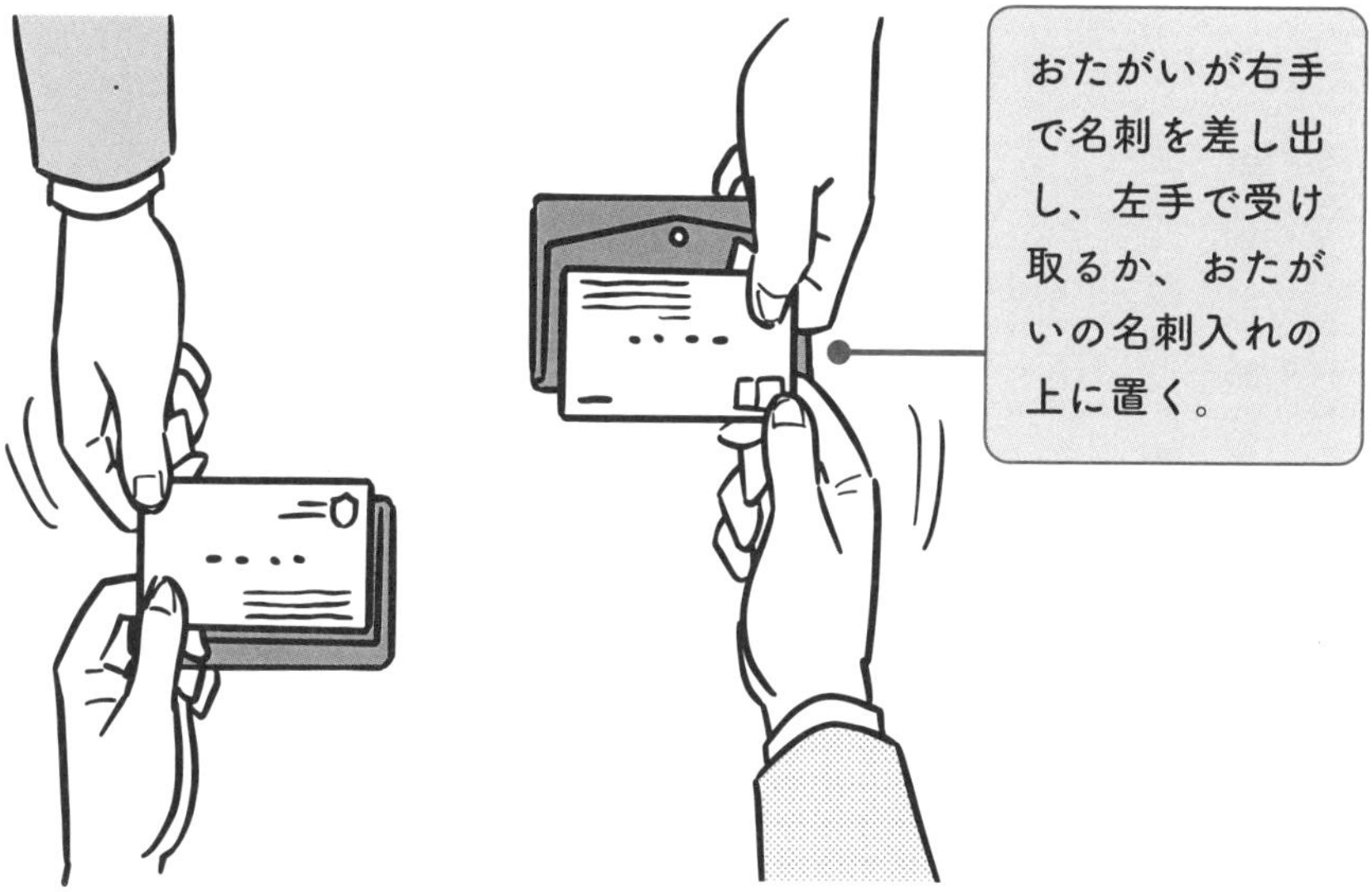
おたがいが右手で名刺を差し出し、左手で受け取るか、おたがいの名刺入れの上に置く。

扇子のあつかい方

あおぎ方

よくあるNG例

ひじを張って横から大きくあおぐと他の人にも風が向いてしまう。

女性は４本の指をまっすぐ伸ばし、親指で扇子をはさむ。親指は人に見せない。

扇子を開くときは、**①親骨を手前にして、右手で要を持つ。**
②左手を骨の部分に添えて、左手の人差し指と中指を使って1本ずつ開く。
ただし全開にはせず、2～3本残してください。

扇子の持ち方は男性と女性で異なります。男性は、**親指以外の指を使って要を握り、親指が人に見えるように持ちます。**女性は、**親指以外の指を全部まっすぐに伸ばして親指で扇子をはさ**

開き方

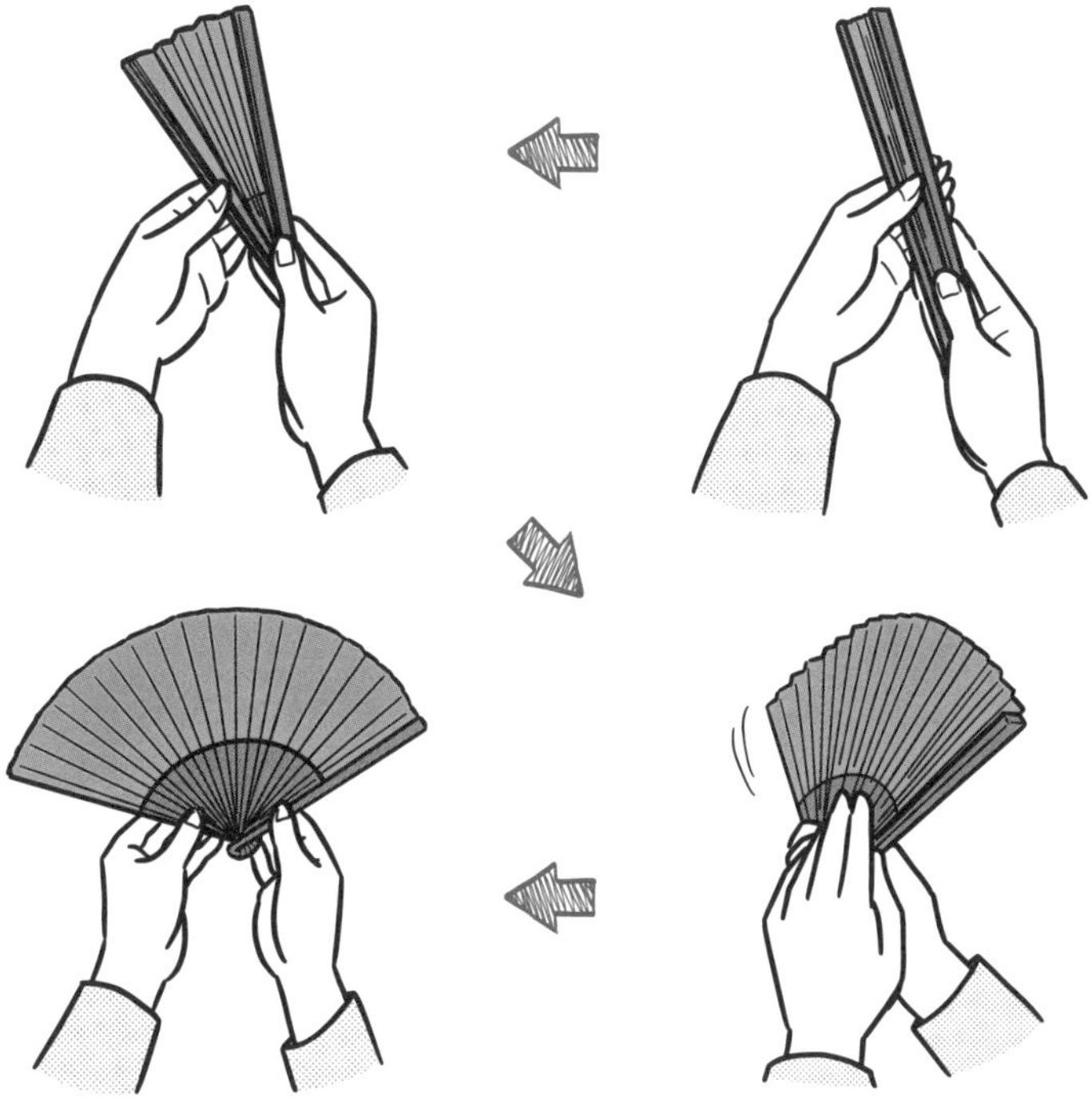

みます。人には手の甲を見せて、親指が見えないようにします。
あおぐときに大切なのは、自分だけに風を送ることです。ウエスト付近で自分の真正面に扇子を立てて体と平行に持ち、首のあたりに向けて手首をゆっくり動かしてあおぐと優雅な動きに見えます。暑いからと勢いよくあおぐと品がないので控えましょう。あおぐときにひじを張るのも、隣の人の邪魔になります。
閉じるときは、**開くときと逆の方法で1本ずつ骨を閉じていきます。左手で要を持ち、右手の親指と人差し指で「パチン」と閉じます。**開閉が乱暴だと扇子をいためるので、両手でゆっくり動かすと優雅です。

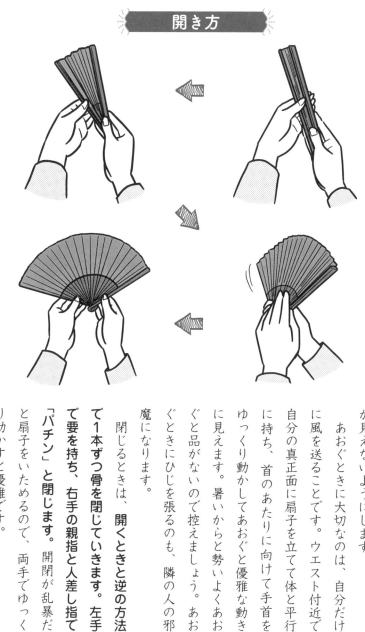

目通り・肩通り・乳通り・帯通り

物を持つときは、その物の大きさや重さにあわせて持ち方を変えます。物を落としたり壊したりしないようにし、より安定して物を持つための工夫です。

実践礼道小笠原流では、物の種類、渡す相手や場所などによって物を持つときの高さを定めています。それぞれ「目通り」「肩通り」「乳通り」「帯通り」と呼ばれ、いずれの持ち方も背筋を伸ばし、体全体を使って持つのがコツです。

目通りは、**目の高さにして物を持ち、相手への最高の敬意を表します。**たとえば、神様へのお供え物や賞状などは、この持ち方になります。目通りでは肩が上がりやすいので、ひじをやや伸ばすように意識しましょう。

肩通りは、**お茶や料理などを運ぶとき、自分の息がかからない肩くらいの高さで持ちます。**乳通りは、**胸の位置で、本など一般的な物を持つときに用います。**相手が目下の人の場合は、これらより低い位置でもかまいませんが、「乳通り」の高さで持つと安定して、きれいに持つことができるでしょう。

その他、普通に持つ高さとして帯通りがあります。

肩通り

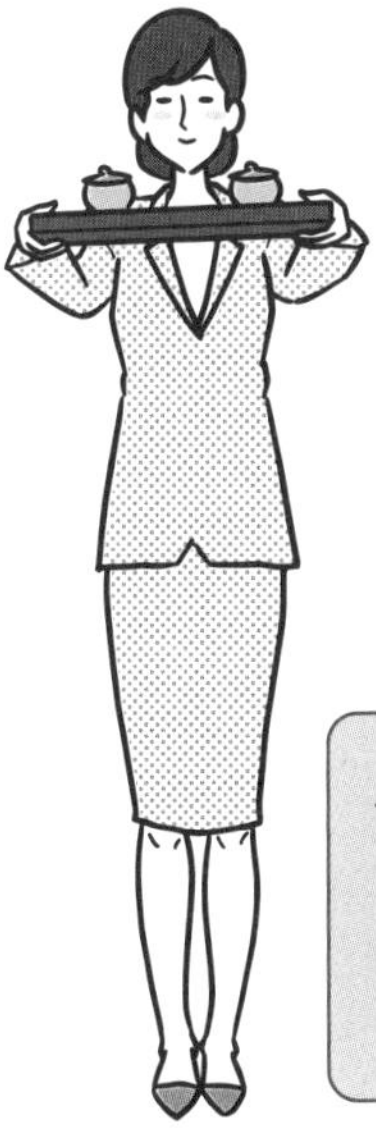

息がかからないようにするため、腕を肩の高さまで上げ、真っ直ぐ伸ばして持つ。

目通り

神棚へお供えする供物や、賞状を持つ場合は、目の高さにかかげて持つ。

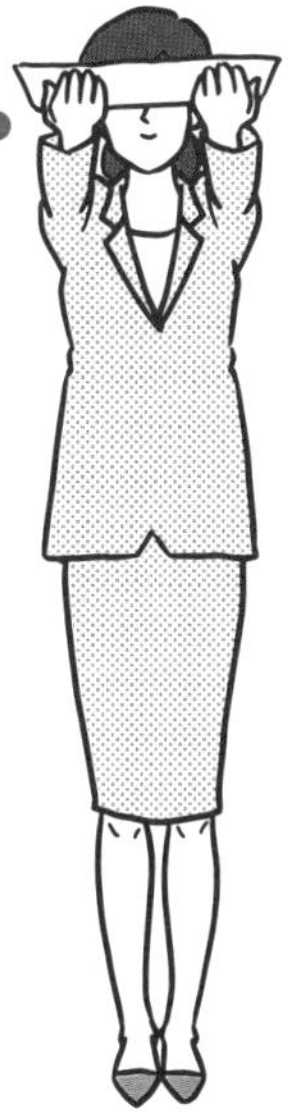

帯通り

着物の帯の高さ、つまり腰の高さで持つ。

乳通り

胸の高さで持つ。一般的な、あらゆる物を持つときに用いる。

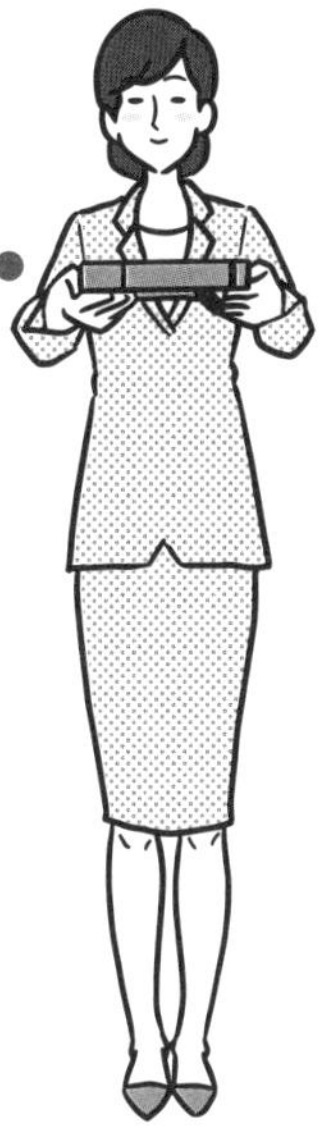

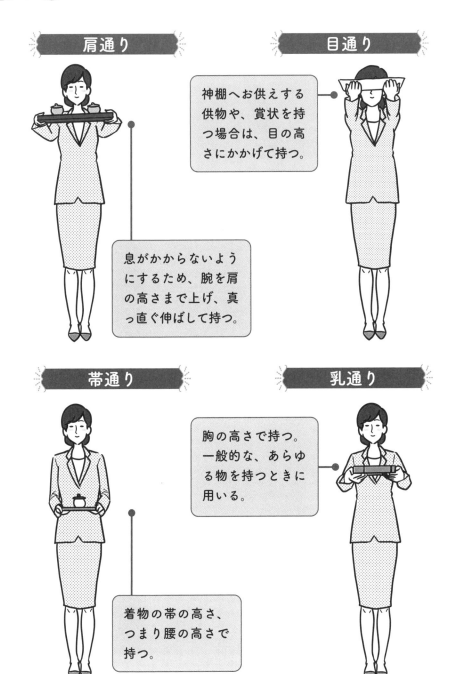

物の持ち方①（ペン・鉛筆・筆・ハサミ）

ペン

よくあるNG例

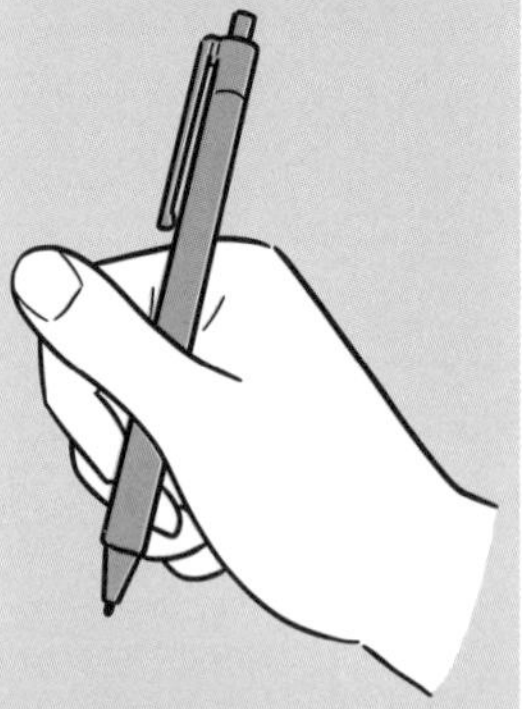

人差し指をペンにかけず、親指だけで押さえる持ち方は、力が入りにくい。

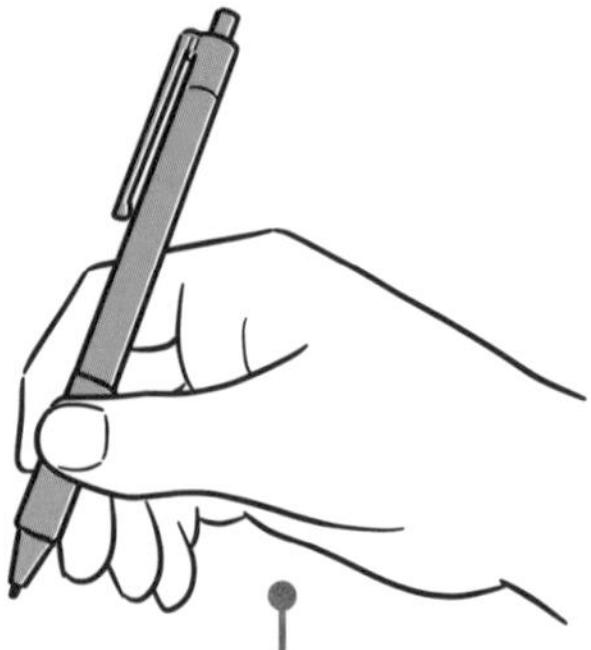

ペンを持つときに人差し指を添えて握ると、細かな線が書ける。

文房具を使うとき、他人の目を気にする人は少ないと思います。

しかし、いいかげんな持ち方は、その物を使って行なう動きまで、雑でいいかげんなものにしてしまいがちです。

ペンや鉛筆、筆を正しい姿勢で正しく持つと、美しい文字と、心のこもった文章を生み出してくれるでしょう。ハサミも持ち方しだいで物を切りやすくなり、指先を切るなど思わぬケガも防いでくれるのです。

ペンと鉛筆は、**先端から3センチを**

ハサミ

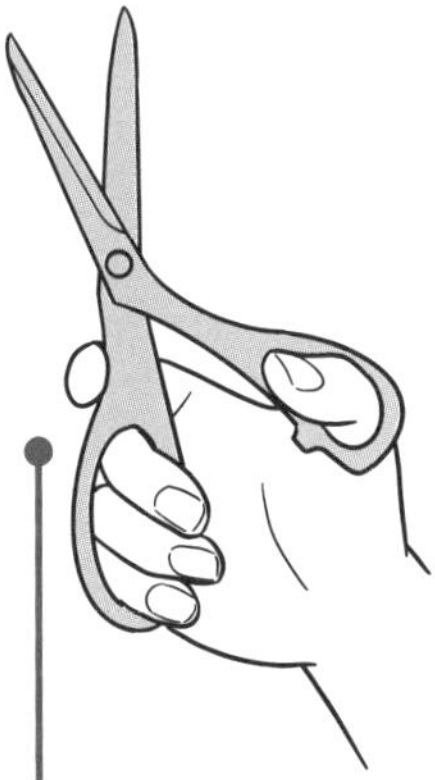

理容用のハサミのように両方の輪が小さいときは、親指と薬指を使う。

筆

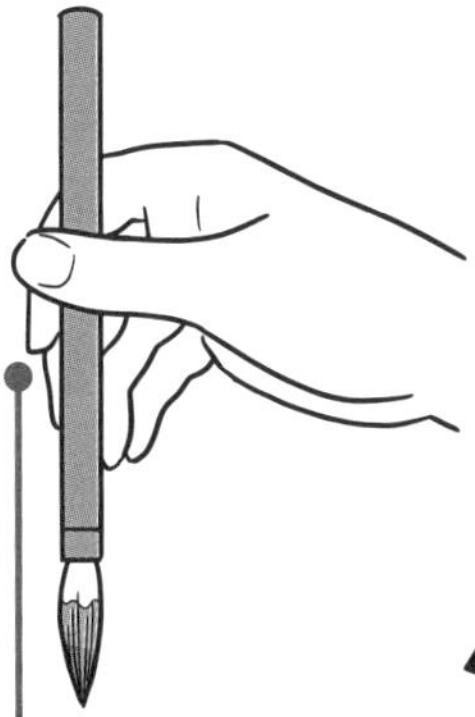

細い字は親指、人差し指の２本で、強い線を書くときは中指を加えた３本で持つ。

鉛筆

中指は添える程度で、鉛筆やペンの重さを利用して書くようにする。

目安に、親指、人差し指、中指の３本で支え、薬指と小指を添えます。

なお、ペンや鉛筆は握ったときに拳を紙面につけて書くため、ペンなどの軸は少し角度がつきます。

これに対して筆は、**紙面に対して直角近くまで軸を立て、拳を紙面につけることはありません。**こうすることで筆先の動きをスムーズにし、文字の線の太さも思い通りにできます。

ハサミは、種類や大きさにもよりますが、**親指を小さいほうの輪に、中指から小指は大きい輪に入れ、人差し指は大きい輪の外側に添えます。**

持ち方しだいで、美しく文字を書いたり、物をきれいに切ったりできるようになります。

物の持ち方②（カバン・バッグ・手荷物）

カバンやバッグを持って歩くときは、体が歪まないように左右の手で交互に持つようにします。安定した姿勢を保つコツは、**持ち手を小指で握り締め、他の指は添える程度にすることです。**ショルダーバッグは、片方の肩が上がらないように脇を閉じ、バッグと床が水平になるよう持ち手に手を添えます。持ち手は、強く握らずに軽く手を添えるようにするときれいに見えるでしょう。

大きな手荷物は、**両手で確実に持ちます。重い場合は、手や腕ではなく、腰を意識して持ちましょう。**こうすると重心が安定するので、体に負担をかけずにすみます。重い物を持ちあげるときも腰を使うようにします。

物を持つとき、**体に添わせることを心がけると合理的で美しい姿勢を保てます。**両手で持つ場合は、体の前で腕全体を指先まで丸くして、ひじから上の部分を使って体全体で持ちます。重心が体の真ん中にくると、無理なく動くことができ、物を落としたり腰や肩を傷めたりしにくくなるのです。

軽い書類や郵便物など、小さいけれど重要な物は、**左手で胸の高さに抱えるように持つのが基本となります。**

カバンやバッグなどの持ち方

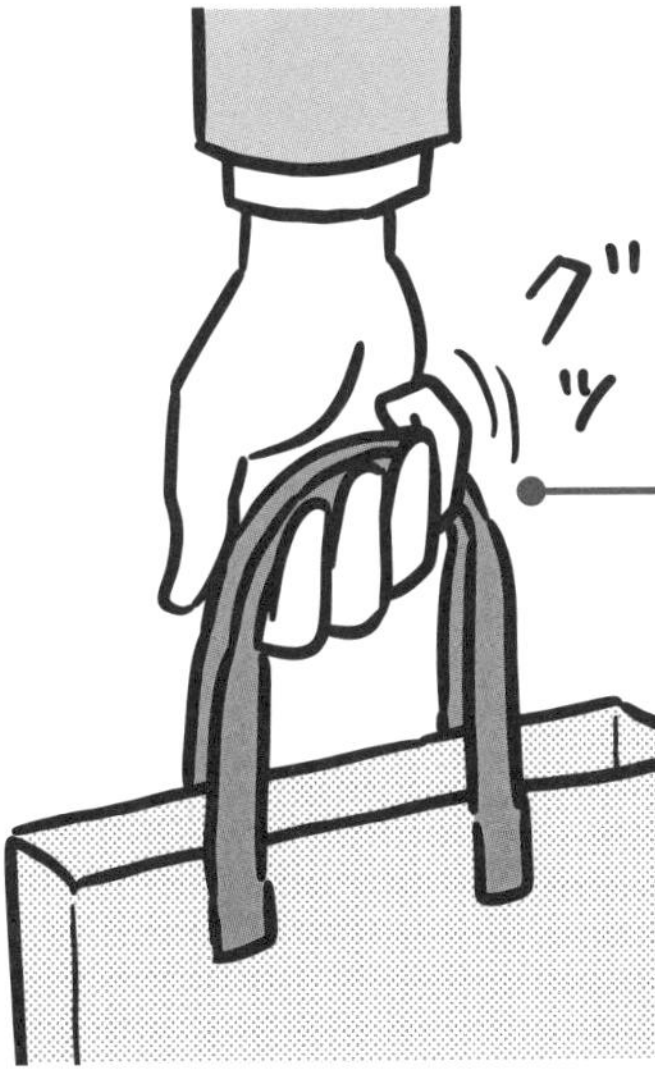

力を入れるのは小指だけ。小指と親指の付け根で挟むイメージで、他の指は添える程度。

脇をキュッとしめて、手首の内側を上に向けると美しく見える。

よくあるNG例

こぶしを握り、前に突き出すと相手を拒絶しているように思われてしまううえ、見た目も美しくない。

物の受け渡し方

物の受け渡しをするときには、相手に対する気持ちを反映します。つねに相手の気持ちを想像して行動することが大事です。多くの物には、前後、左右、上下、裏表があるので、受け取った人の使いやすさを考えて、向きやあつかいを変えます。

たとえば、本や書類なら**相手がそのまま読める向きで渡します。**筆記具が見つからなくて困っている人にペンを渡すときは、**キャップを取っておく**などの配慮も大事です。

ナイフやハサミなども**相手が受け取りやすく、すぐに使えるように刃先や柄の向きを考慮します。**ただ、このときは渡す側も受け取る側も刃先で手などを傷つけないように注意しましょう。

グラスをテーブルに置くときは、**持っている指先がついてからグラスを静かに置きます。**壊すこともありませんし、大きな音をたてることもありません。

物を受け取るときは、つねに相手への感謝を忘れず、雑にあつかわないように気をつけましょう。片手で受け取れる小さな物であっても、もう一方の手を添えると、振る舞いを優雅に見せてくれます。

ペン

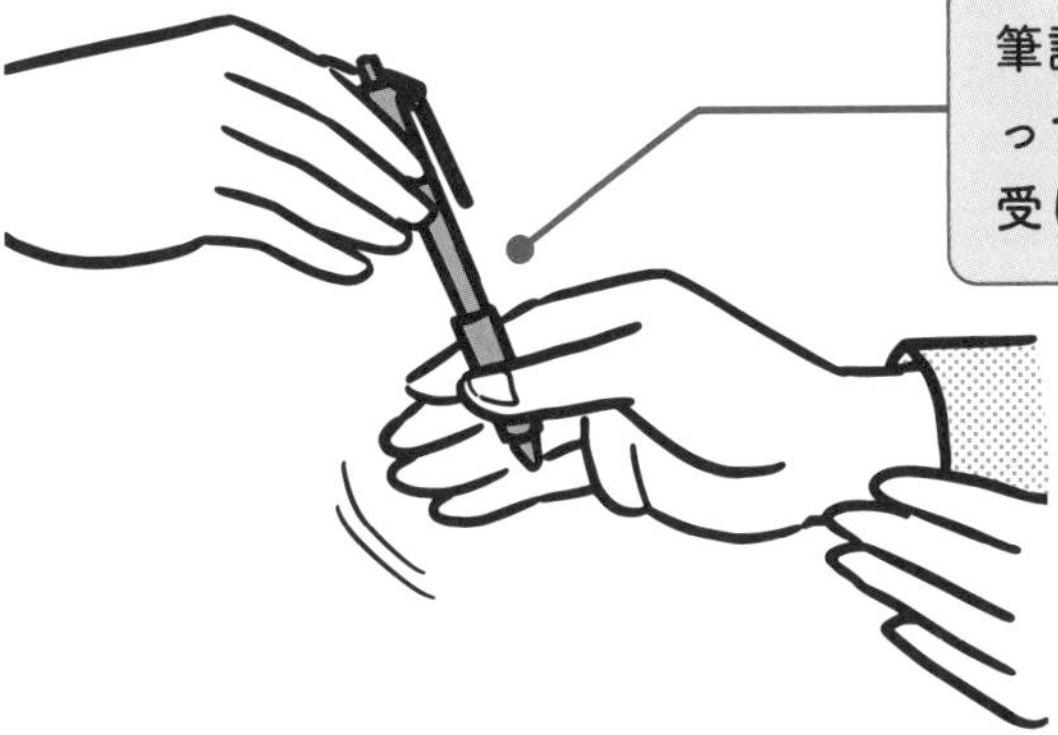

筆記具のペン先近くを持って渡すことで、相手が受け取りやすくする。

ハサミ

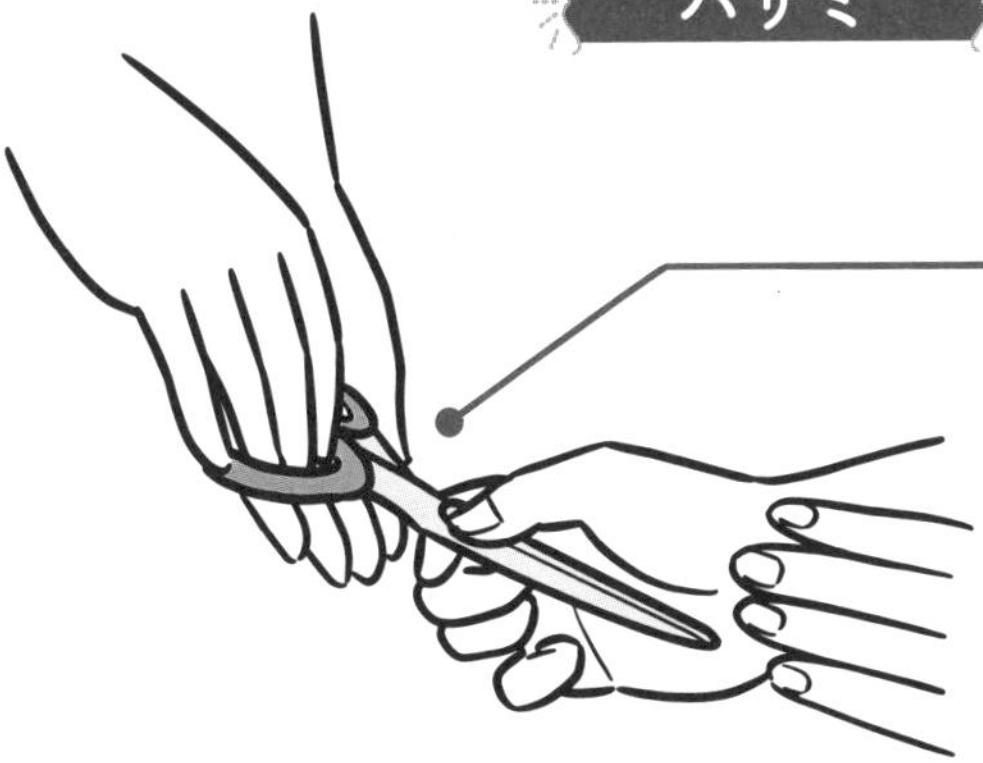

ケガをしないようにするため、ハサミの中心部を持って、左手を添える。

グラス

指先がクッションの役割を果たし、音を立てずに置ける。

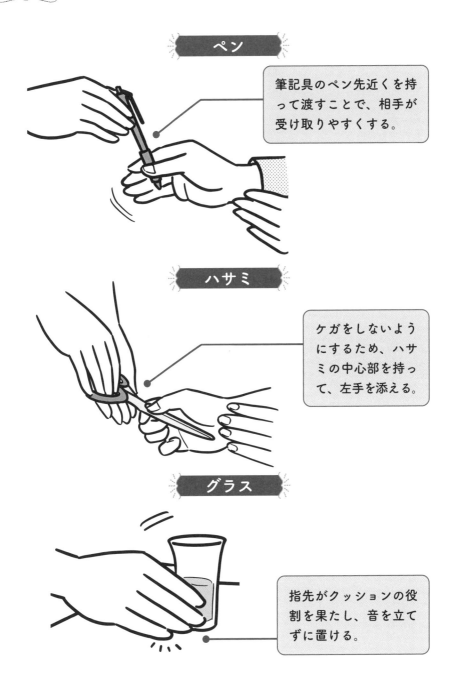

所作の豆知識 2

身だしなみ・立ち居振る舞い・言葉づかい

人に不快感を抱かせず、かつ好印象をもってもらうためには、次の3つのポイントを押さえる必要があります。それは、「美しい身だしなみ」と「美しい立ち居振る舞い」と「美しい言葉づかい」の3点です。

「美しい身だしなみ」といっても、無理に高価で華美な服装をする必要はありません。TPOに合っていて、きちんと洗濯してある服を着ているだけで十分です。もちろん、ネクタイが曲がっていたり、シャツの裾がはみ出していたりしたら、TPOに合った清潔な服を着ていても、印象が台無しになってしまいます。細かいところも、ちゃんとチェックし忘れないようにしましょう。

また、身だしなみは服装だけではありません。寝癖がついていないか、爪は切ってあるかなどにも気を配ることが大切です。

たとえ「美しい身だしなみ」をしていても、立ち方や座り方、歩き方などがだらしなければ、印象は悪くなってしまいます。そのため、好印象をもってもらうには、「美しい立ち居振る舞い」も大切となってきます。

その基本となるのは、正しい姿勢です。実践礼道小笠原流では「背筋を伸ばす。顎をひく。胸を張る。顔は正面に、視線はまっすぐ前に置く」ということを基本的な正しい立ち姿と教えています。これをマスターできれば、自然と美しい座り方や歩き方も身につけることができるでしょう。

どんなに外見が美しくても、汚い言葉づかいをする人は好印象をもってもらえません。ただ、「美しい言葉づかい」は、身だしなみや立ち居振る舞いよりも身につけるのがむずかしいものです。なぜなら、言葉はその人の知性や教養がそのまま出てしまうものだからです。少しずつでもいいので、丁寧語や尊敬語、謙譲語などの使い分けを身につけるようにしていきましょう。

もちろん、それらはすぐにはうまくできないかもしれません。まず「おはよう」や「いただきます」、「ありがとう」、「ごめんなさい」といった基本的なあいさつをする習慣を身につけるだけで、あなたの印象は大きくプラスに変わるはずです。

箸の持ち方・構え方

上品な和食の食べ方は、箸の持ち方で決まるといっても過言ではありません。**上の箸を親指、人差し指、中指の3本で持ち、下の箸を薬指の爪のあたりに乗せて支えます。**上の箸は、鉛筆を持つようにするとよいでしょう。

手を添える位置は、**箸先から3分の2あたりが目安です。**箸を手に取るときは、**上から右手で中程をつまんだら、すぐに左手で受け、右手で持ち直します。**

箸を使うときに動かすのは、上の箸だけです。親指を固定し、開くときは中指を上げ、閉じるときは人差し指を下げます。中指をしっかり動かせば、箸が大きく開いて物がつまみやすくなるのです。

「箸先五分」という言葉がありますが、箸を使うときは、箸先3センチ以内を使うようにすると、箸を汚さずにきれいに保てます。

食事の前後には、感謝の気持ちを表わしましょう。「いただきます」のときに箸を持ったまま手を合わせる人もいます。しかし、両手の親指と人差し指の間に箸を渡す「拝み箸」は、無作法とされるだけでなく、決して美しい振る舞いとはいえません。

持ち方

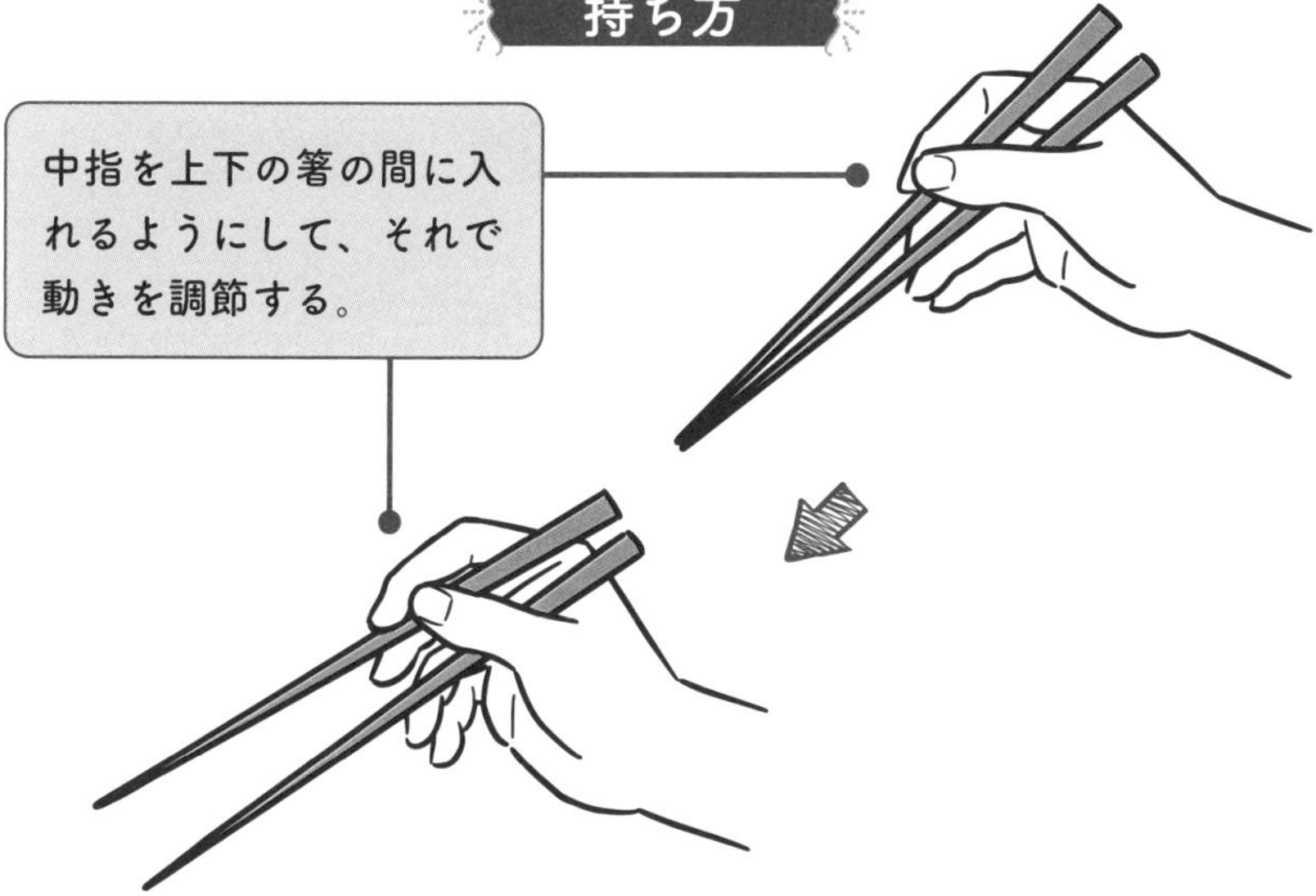
中指を上下の箸の間に入れるようにして、それで動きを調節する。

構え方

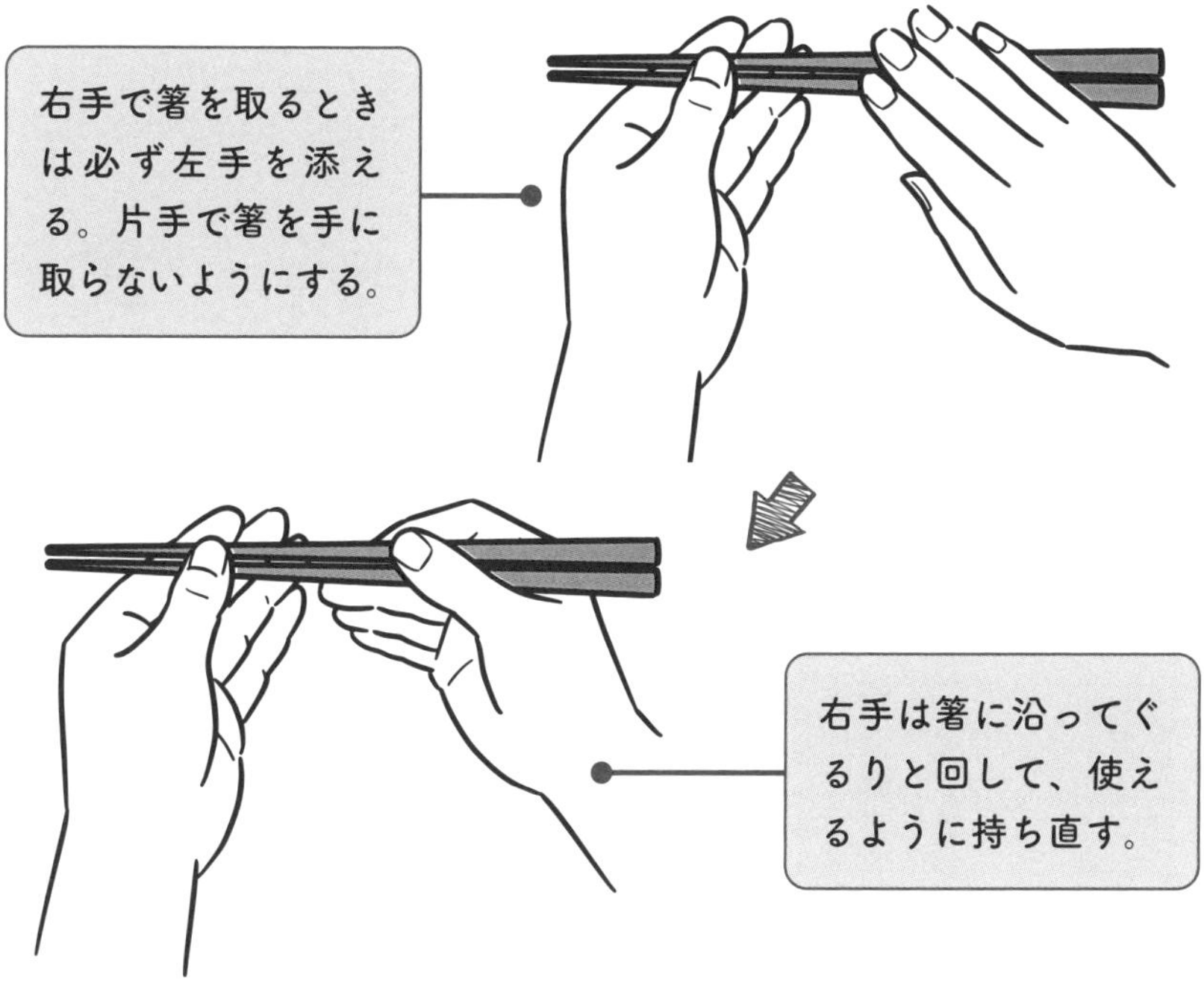
右手で箸を取るときは必ず左手を添える。片手で箸を手に取らないようにする。
右手は箸に沿ってぐるりと回して、使えるように持ち直す。

よくあるNG例

迷い箸

どれから食べるか決めかねて、箸を宙で迷わせる行為。

諸起こし

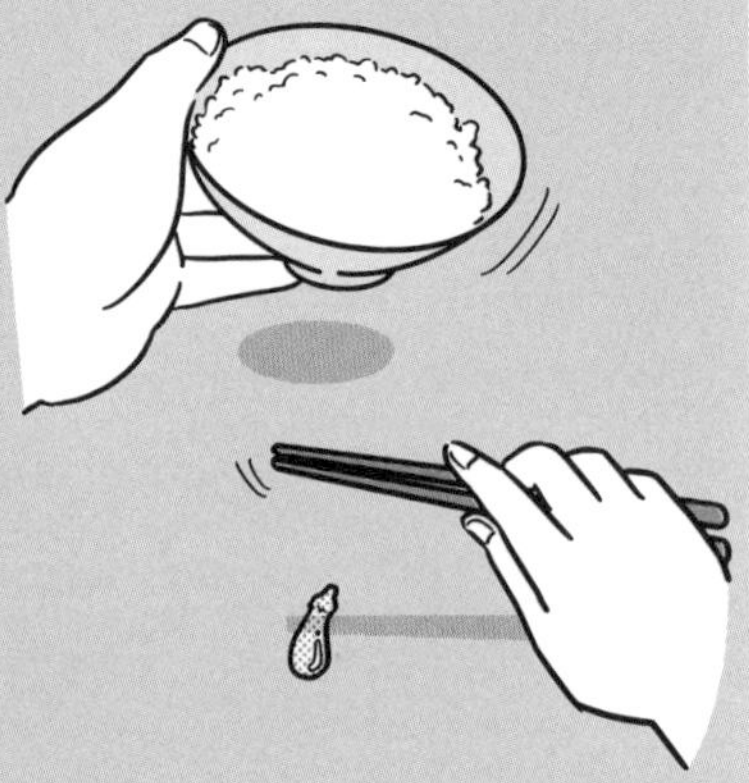

箸と器を同時に手に取り、持ち上げる行為。食べ急いでいるようにみえるため品がない。

食べるときの所作には、その人の性格や普段の生活ぶりがストレートに表われるので気をつけたいものです。

箸使いにも「忌み箸」「嫌い箸」とよばれるタブーがありますが、これらを避けるだけでも食べ方は格段に上品になるはずです。

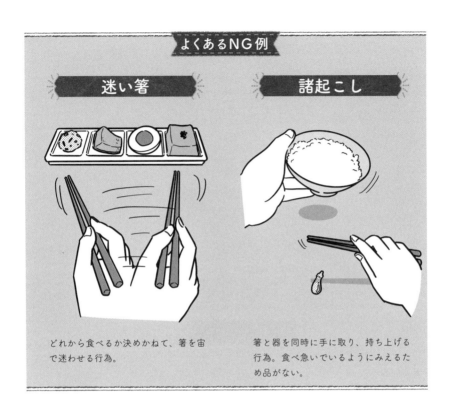

左右の手で同時に器と箸を取る、またはご飯茶碗を持ったまま他の料理を食べる諸起こしは、いやしく見えてしまうのでやめましょう。**器は両手で取って左手に乗せ、空いた右手で箸を持ちます。**

食事中、器の上に橋を渡すように箸を置くことは、渡し箸といいます。これは、「もう食べません」という意味

よくあるNG例

膳越し

他の膳の上を通るように腕を伸ばして料理を取る行為。器を持たずに箸で遠くにある料理をとって直接口に運ぶ行為のことも指している。

移り箸

一度箸をつけたものを取らずに他の料理に箸を移す行為。

になってしまうので、**食事中の箸は、箸置きに置くのが基本です。**

複数の料理を前にして、なにから食べようかと箸を迷わせる迷い箸、いったん箸をつけた料理を取らずに他の料理に箸を移す移り箸も料理の味が混ざるばかりか落ち着きなく映るので避けるべきです。

遠くにある料理を箸を伸ばして食べる**膳越し**は、衛生上よくないばかりか、所作としても美しくありません。

膳の向こうにある物を取るときは、**膳の上でなく脇を通すようにしましょう。**そして器ごと手に取り、自分の皿に料理を移してから食べます。

また、話に熱中して箸で人を指すなどの「指し箸」もタブーです。

ナイフ・フォーク・レンゲのあつかい方

西洋料理のナイフとフォークの持ち方は、**どちらも伸ばした人差し指を柄の背の部分に当てます。**ただし、魚用ナイフには鉛筆のような持ち方もあります。**いずれも小指を立てず、ひじを張らずに持ちましょう。**

ナイフで料理を切るときは、**食器の摩擦音やソースなどの飛び散るのを防ぐため左手のフォークで料理を押さえます。**つけ合わせの豆などは、**フォークの背を下にしてすくって食べるようにします。**

手を休めるときは、皿の上に刃を中側にしたナイフとフォークを八の字形に置きます。

食事を終えたときは**ナイフとフォークをそろえて斜め右、または縦に並べて置きます。**

中華料理のレンゲは、**柄の溝に人差し指を入れ、親指と中指で挟むのがマナーです。**レンゲは、汁物だけでなくご飯類やめん類にも用います。めん類は、適量を左手に持ったレンゲに取り、右手の箸で食べれば、汁の跳ね返りを防げます。スープは、右手に持ち替えたレンゲで側面から音を立てずに飲みます。器を持ちあげて飲むのはタブーです。

食事がすんだら、レンゲはレンゲ受けに置き、箸は横向きに置きます。

ナイフ・フォーク

ナイフで切るときは力を入れ過ぎないようにし、押すときに力を入れると切りやすい。

レンゲ

小籠包もレンゲに乗せて食べるように、ほとんどの汁物の料理でレンゲを使う。

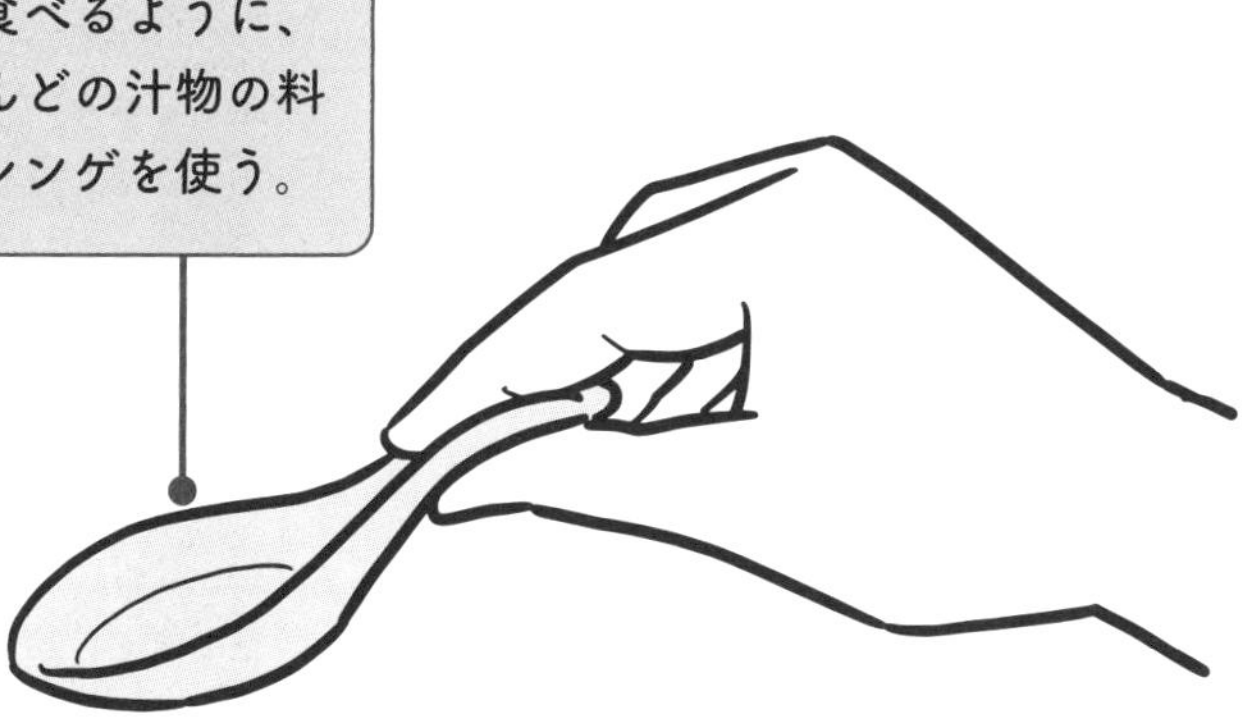

お椀の持ち方・ふたの取り方

和食器のふたは、外したあと、裏返さずに置くのが基本です。漆塗りの重箱などはふたの表に蒔絵が施されたものもあり、裏返して置くと、傷つけるおそれがあるからです。ただし、お椀のふたのように糸底がついている場合は裏返しておきましょう。

お椀のふたを開けるときは、**左手を椀に添え、右手の親指と中指で糸底をつまみ、「の」の字を書くようにずらします。**

開けにくいときは、お椀の縁を手で少したわませるのです。開けるとき、ふたの裏についたしずくがお椀の外に落ちないように注意しましょう。取ったふたは、内側を上にしてお椀の右上、またはお椀の真上あたりの膳の外に置きます。

お吸い物や煮物を食すときには、**まず右手でお椀を取り、左手でお椀の底を支え、左手に持ち直します。箸は右手でとって、お椀を持っている左手の中指と薬指の間に挟み、右手で正しく持ち直しましょう。**このとき、箸先を人に向けてはいけません。

ふたを閉めるときは、**ふたを両手で取り、右手で糸底を持ち、左手をお椀に添え、ふたの向こう側をお椀につけ手前に向かって閉じます。**

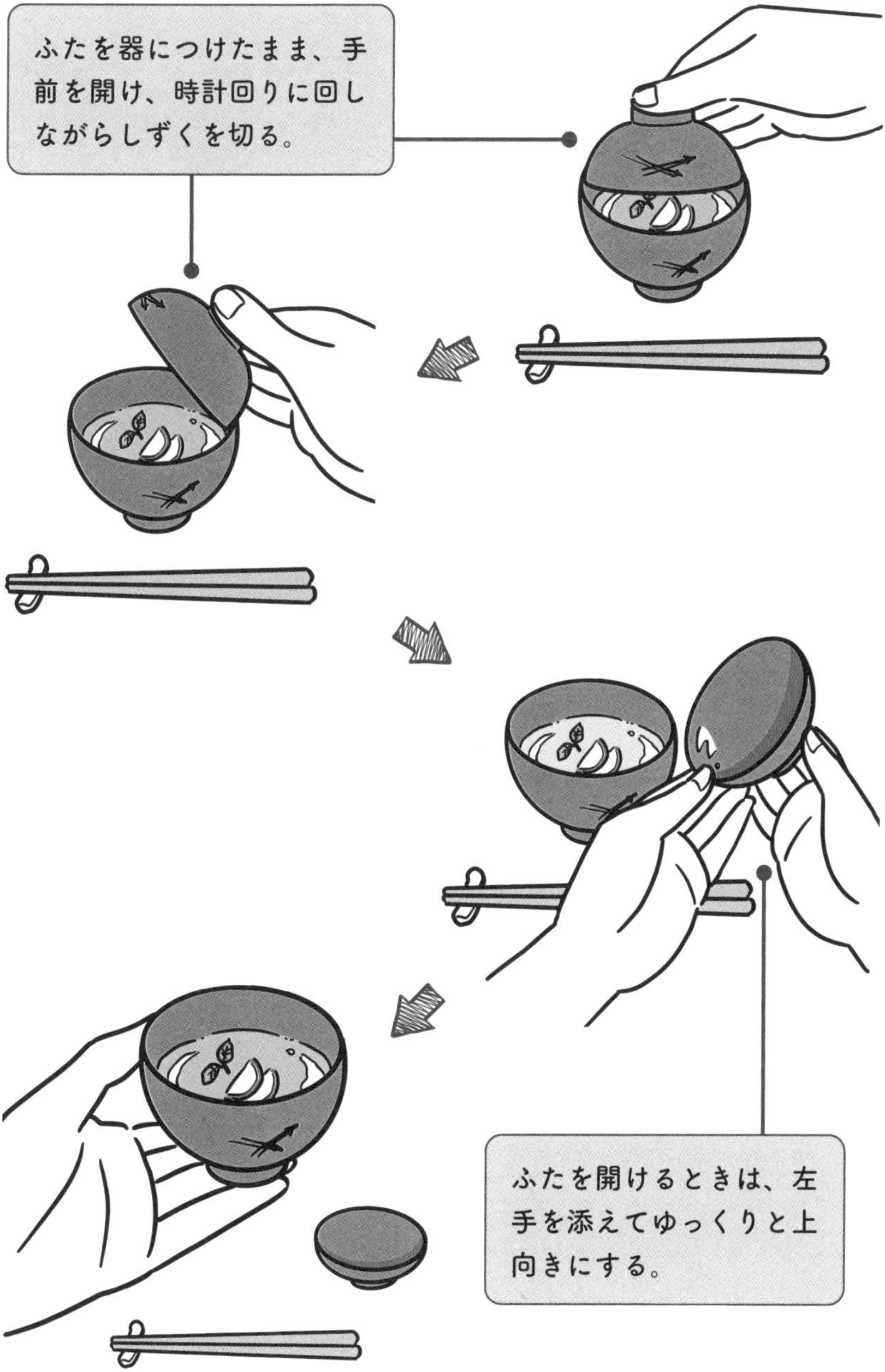
ふたを器につけたまま、手前を開け、時計回りに回しながらしずくを切る。
ふたを開けるときは、左手を添えてゆっくりと上向きにする。

おしぼり・ナプキン・懐紙の使い方

おしぼり

よくあるNG例

おしぼりは、あくまで「お手拭き」。口を拭くのもマナー違反。

おしぼりは、紙製のものもありますが、ここでは小型の布製のタオルについて説明します。おしぼりというのは、**手を拭くためのものです。ですから、口元、顔や首筋などを拭いてはいけません。**食事をする場所で、汗などを拭う姿は見苦しく映ります。汁や調味料などをこぼしたときにおしぼりを使って拭くのも止めましょう。店の人を呼び、対処してもらいます。

洋食では、手前の皿の上に置かれている布製のナプキンは、**汚れた口元や**

懐紙

懐紙の折り方には2通りあり、表側が右下がりは慶事用（左）、左下がりが弔辞用（右）。

ナプキン

ナプキンをきちんとたたむと、料理がおいしくなかったというサインなので注意。

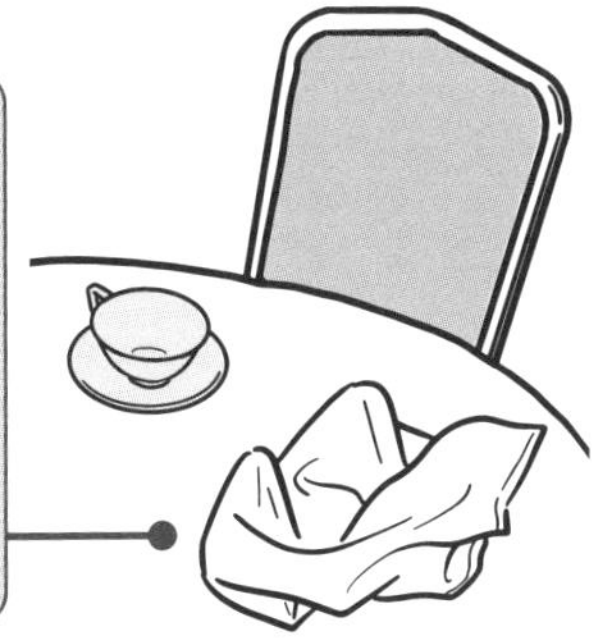

手先をぬぐうために使われます。料理が運ばれるタイミングで、ナプキンをふたつ折りにし、折り目を手前にして膝の上に置きます。中座するときは椅子の上に、退座するときはテーブルの上に軽く折って置きましょう。また、口元を拭うなどナプキンを使うときは、猫背にならないように注意します。

懐紙は、お茶会などで使う小ぶりの和紙です。着物の懐に入れておくので、こう呼ばれます。

食事では、**口元をぬぐう、魚の骨を出すときに口元を隠す、魚をほぐすときに押さえる、受け皿代わりにする、残した料理を隠す、汚れた箸先を拭う、熱い器を持つ**などの場面で用いられ、心づけを包むときにも使われます。

お酒の注ぎ方（ビール・ワイン・日本酒）

お酒を入れる徳利やボトルは、作法に従って優雅にあつかいましょう。

ビールは、**ラベルを上にして右手で瓶の腹を持ち、左手を添えます。**相手にグラスを持ってもらい、初めは穏やかに、少しずつ勢いをつけ、泡が出はじめたら、また穏やかに注ぎます。あふれないよう気をつけましょう。

ワインは、ソムリエかホストが注ぎます。ビール同様、**ラベルを上に瓶を持ち、グラスの3分の1程度を目安に注ぎましょう。**グラスを回して色と香りを楽しむのも醍醐味なので、なみなみと注いではいけません。ソムリエはボトルを片手で持ちますが、両手で持ってもかまいません。グラスは手に持たず、置いたまま注いでもらうのが基本です。ワインは温度に敏感なので、飲むときもグラスの脚を持つようにします。

日本酒の徳利は右手で持ちますが、左手を徳利に添えると上品に映ります。**最初は酒量を細く、しだいに太く、最後はまた細くして量を調整して注ぎます。**注ぐのは盃の8分目くらいが目安です。徳利をのぞいてお酒の量を確かめたり、飲み干した徳利を倒してお酒がないことを示したりするのはやめましょう。

ビール

ビールの瓶は右手でしっかりとつかみ、左手は口のそばに添えて支える。

注いでもらう場合、コップは右手でつかみ、左手は底に添える。

日本酒

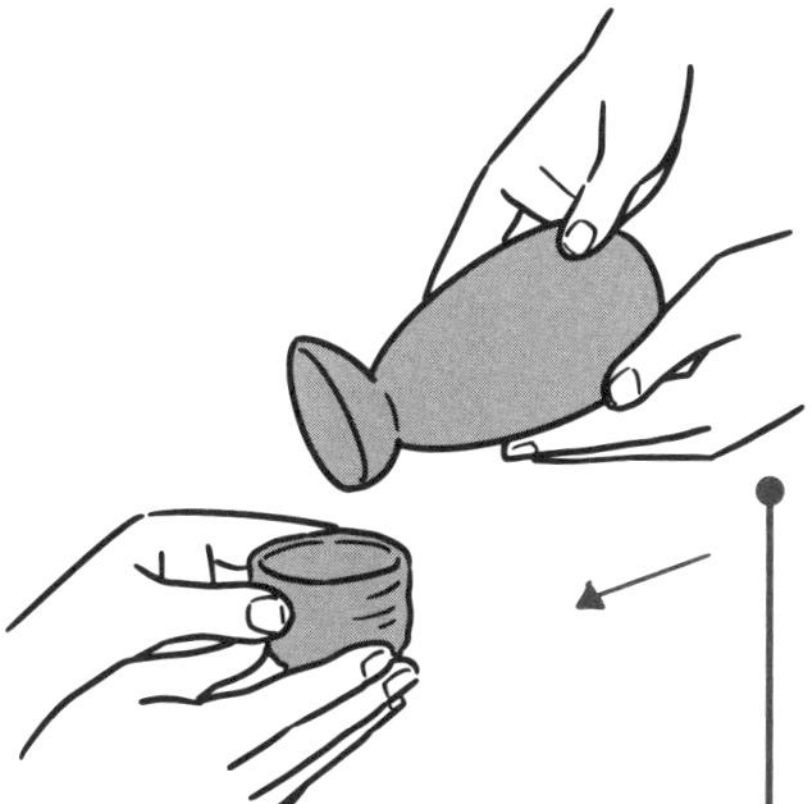

徳利に添えた左手は、傾けるとき口のほうへ移動させてテコの支点にすると注ぐ量を調整できる。

よくあるNG例

ワインのグラスは持ちあげず、置いたままで注いでもらう。

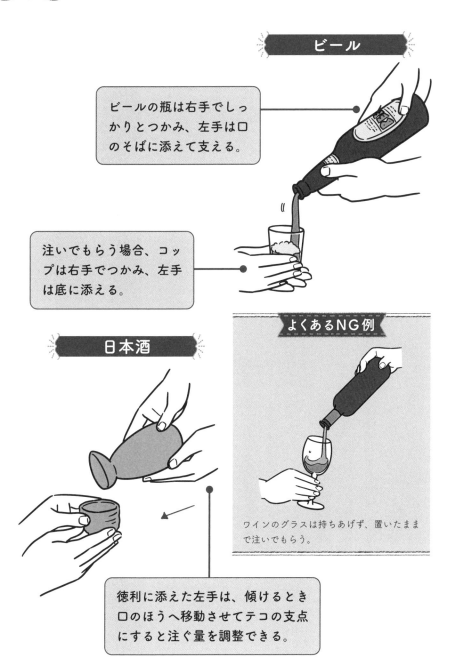

食事のいただき方

食事をいただくときの振る舞いには、自ずと人柄が反映されます。食事の作法は、国によっても、TPOによっても異なりますが、礼にかなった作法には理由があります。それは、衛生的に、合理的においしくいただくための方法であり、同時に食物に対する感謝や同席する人への気遣いや敬意も表しています。そして、これらの作法が美しい所作につながっているのです。

食事の際、まず気をつけたいのは、背筋を伸ばすことです。実際に食べるときは、口を閉じて音を立てないことも重要です。

食器のふれあう音にも注意しましょう。目の前の料理を裏返したり崩したりせず、一口ずつ食べます。大皿から取り分けるときは、食べられる量だけ取るようにします。

食事中に顔や髪の毛をいじるのは、衛生上よくありませんし、見苦しく映ります。同様に携帯電話をいじるのも控えたいものです。

和食の場合、**右にある物は右手で、左にある物は左手であつかいます。**これで器をひじや袖口に引っかける心配もなくなります。ご飯~汁物、ご飯~おかずというように、ご飯とおかずは交互に食べるようにしましょう。

食事をとるときの姿勢

器は、一度体に引き寄せてから体に添って胸の位置まで持ちあげるようにする。

主菜、副菜を食べるときは、必ずごはんを一口食べ、主菜、副菜を続けないようにする。

食べる人から見て、左側の手前にごはん、右側の手前に汁物。主菜、副菜は奥に並べる。

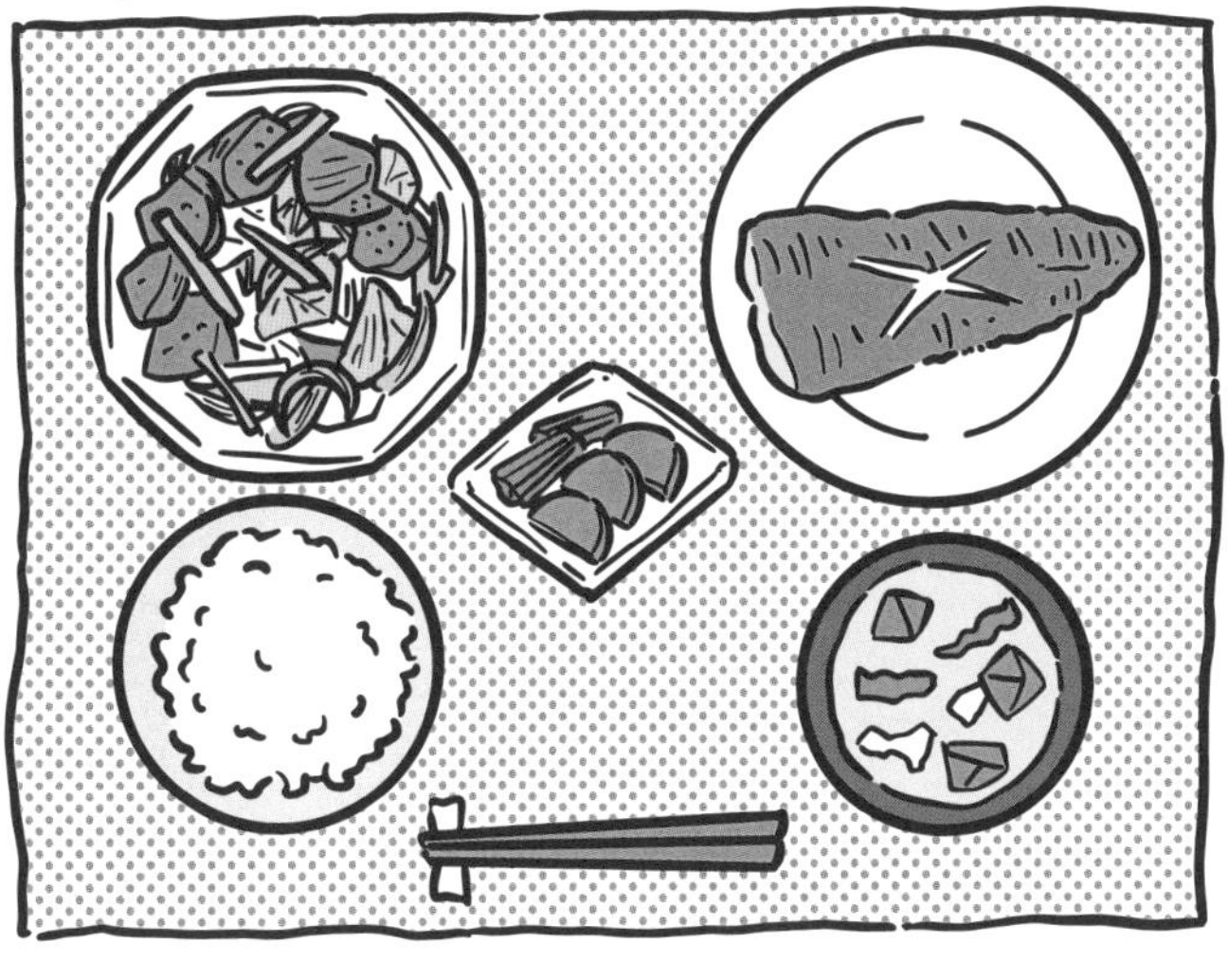

煮物・酢の物の食べ方

煮物は、素材の季節感と切り方など調理の技を鑑賞しながらいただきましょう。

一口サイズのものはそのまま食べますが、大きい料理は**器の中で箸を使って一口大に切ります。まず縦に、それから横に箸を入れます。**和食の場合は具材を斜めに切るのはタブーとされています。また、箸で料理を刺してはいけません。箸で切れないときは、大きいまま取って、歯形を残さないように、中央、左・右と3回に分けて食べましょう。

煮汁がたれそうなときは、**椀を左手に持って食べます。ふたや懐紙を受け皿代わりに用いてもいいでしょう。**前かがみの姿勢で口を器の上に持っていったり、手を受け皿がわりにしたりするのはやめましょう。

酢の物は、**器を手に持ち、2~3回に分けていただきます。**酢の物本来の役割が口をさっぱりさせることだからです。2本の箸に具材を載せて掬うように食べるのはマナー違反ですが、もずく、めかぶ、じゅんさいなどは例外です。また、器からすすって口に入れるのは無作法です。最後に器の中側に箸を添え、器に口をつけて汁を飲むのはマナー違反にはなりません。

煮物

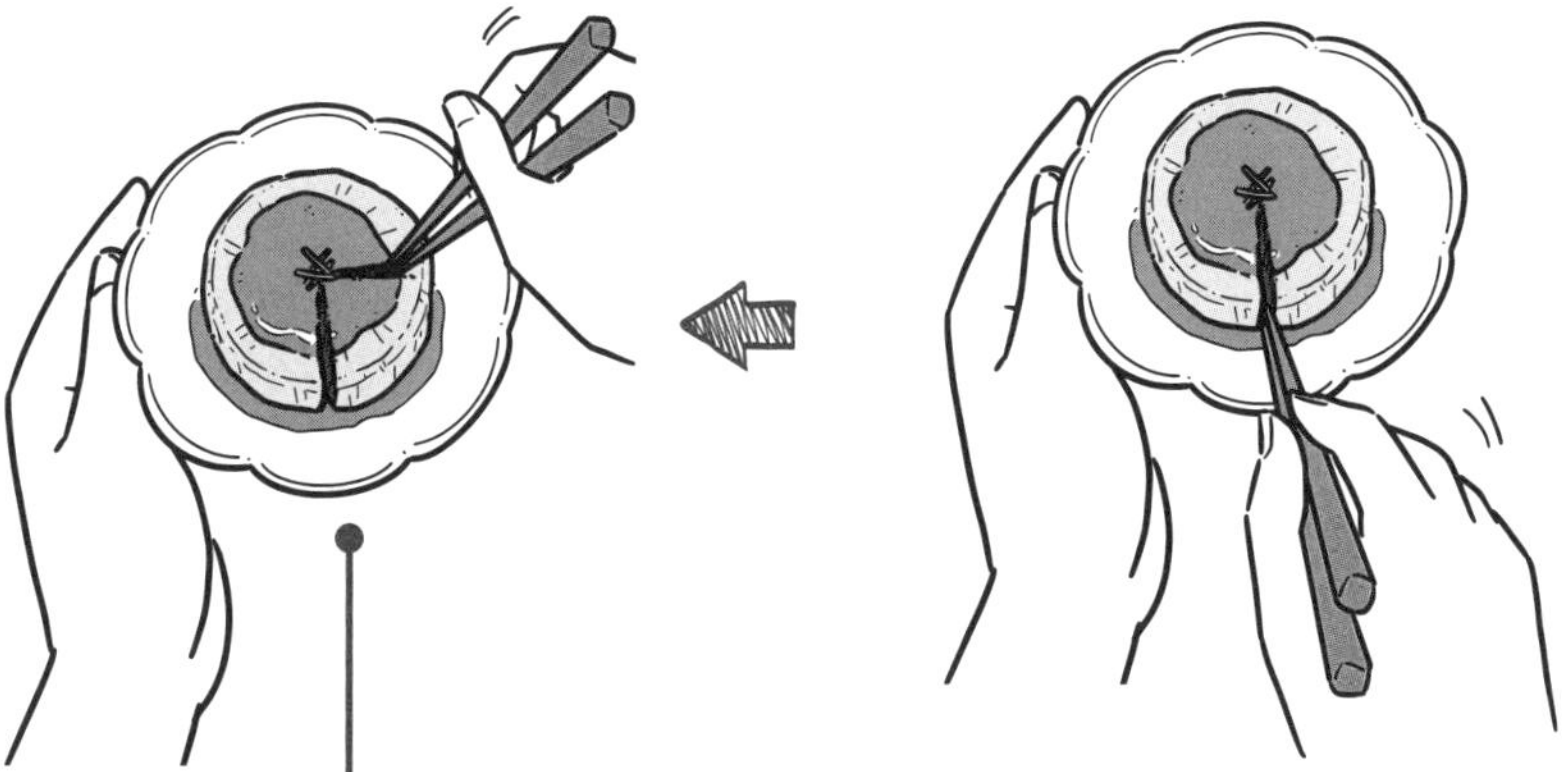

縦に切り込みを入れて、次は横に切り、一口大に切り分ける。全体を斜めに切るのはタブー。

酢の物

よくあるNG例

固まりを作らずに掬いあげると汁が垂れてしまうので、固めてから持ちあげるようにする。

食材の硬さを確認して、固まりを作って箸で挟むようにして持ちあげる。

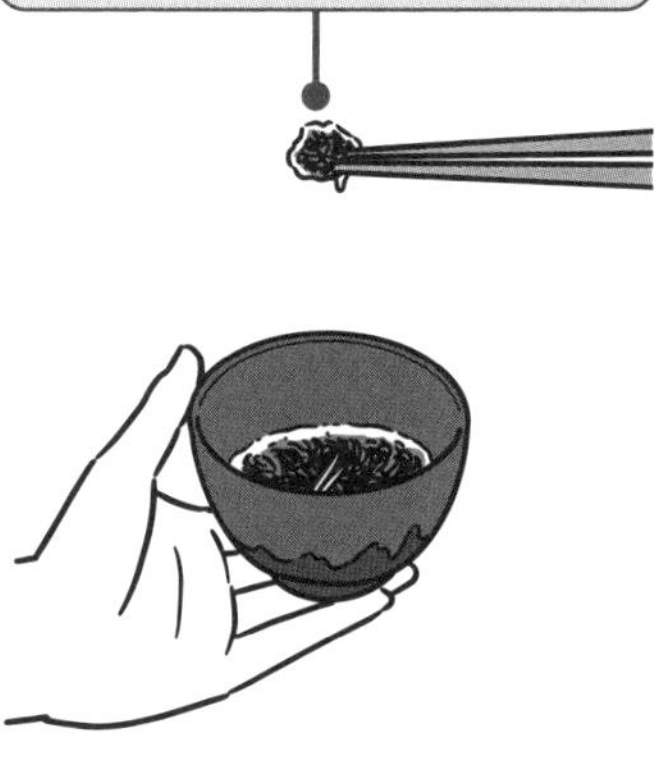

骨つきの魚の食べ方

切り身の焼き魚は、**左端から右へ一口ずつ箸で切っていただきます。**エビなど殻つきの場合は、**手を使って頭と殻をはずし、器に戻してから箸で食べましょう。**手づかみで口に入れてはいけません。

祝いの席や正月に出されるお頭つきの魚は、裏返さないでいただきましょう。**上身は、切り身と同様、左側の頭から尾に向かって一口ずつ取って食べていきます。**あちこちに箸をつけると、皿の上が見苦しくなります。

上身を食べ終わったら、下になっている半身をいただきます。**中骨を箸ではずして器の奥に置きますが、箸だけでは骨がはずしにくいときは、懐紙や左手を使ってもかまいません。**骨などが口に残ったときも懐紙で口元をおおって箸で出し、懐紙に包みます。

スダチやカボス、レモンなどは、汁が飛ばないよう、左の手の平でおおって絞ります。汚れた指先は懐紙で拭きましょう。

食べ終わったら、残った骨や皮、絞ったスダチなどは器の隅にひとまとめにします。上に懐紙をかけておくと、よりスマートです。

奉書焼きなど箸だけでとりさばけない料理は、給仕人に頼んで開けてもらいます。

焼き魚の骨のとり方

ほぐしにくいときは、懐紙で頭をおさえながらほぐす。上側を食べたあとで中骨と頭を外す。

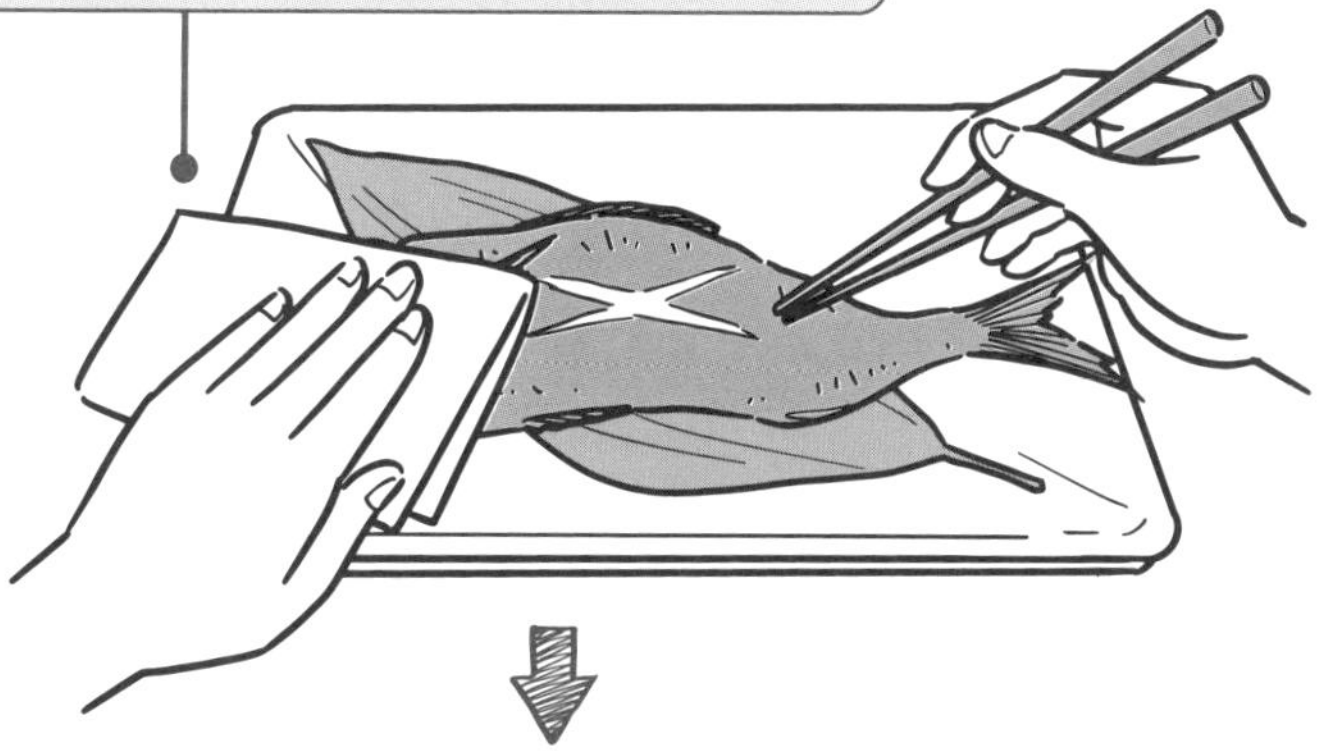

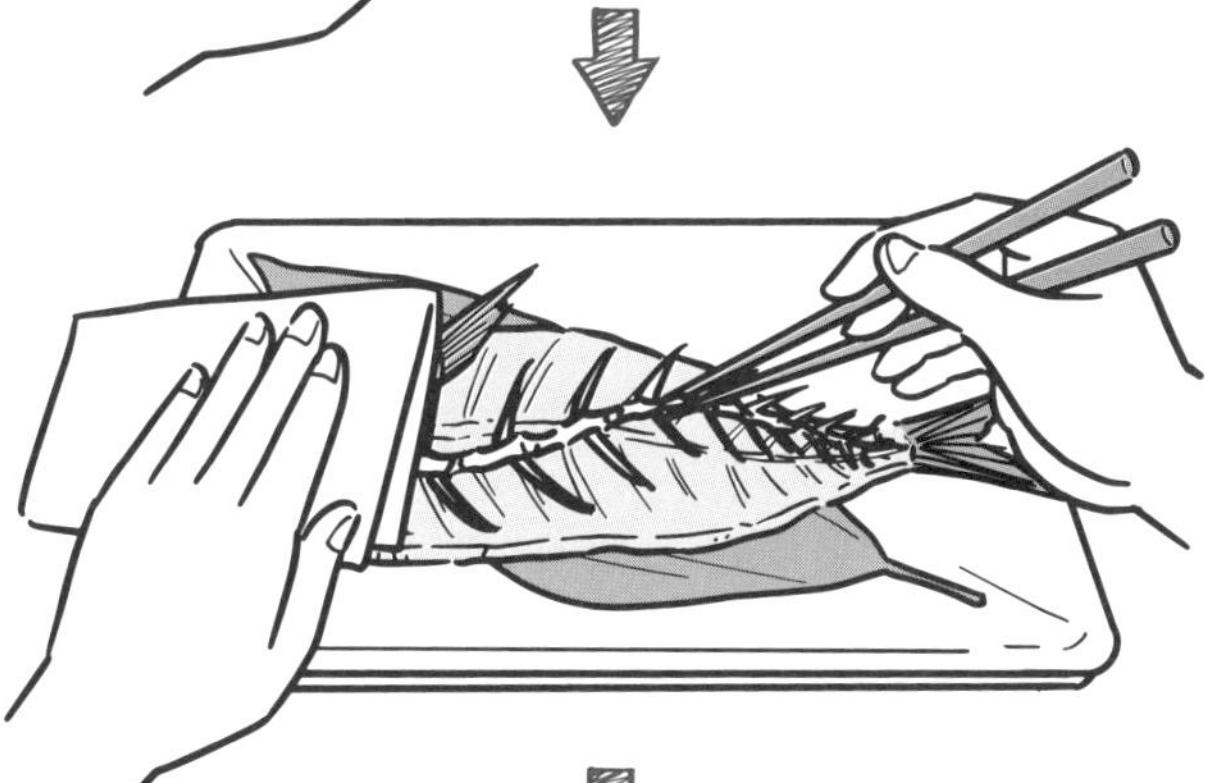

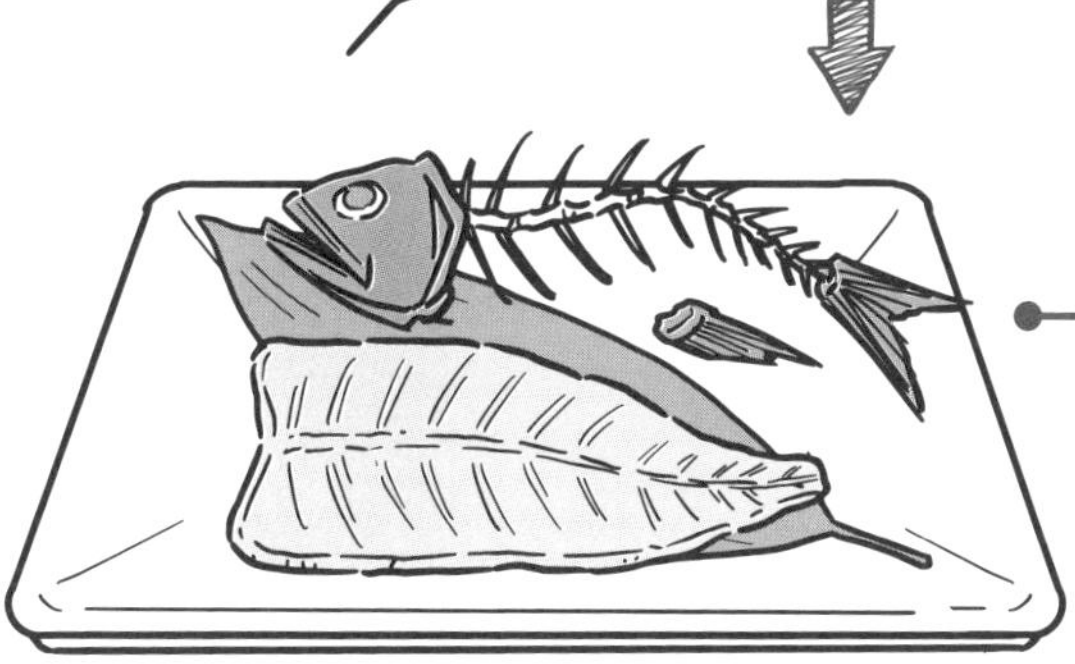

外した頭と骨は皿の奥に置いてから、下側を食べはじめる。

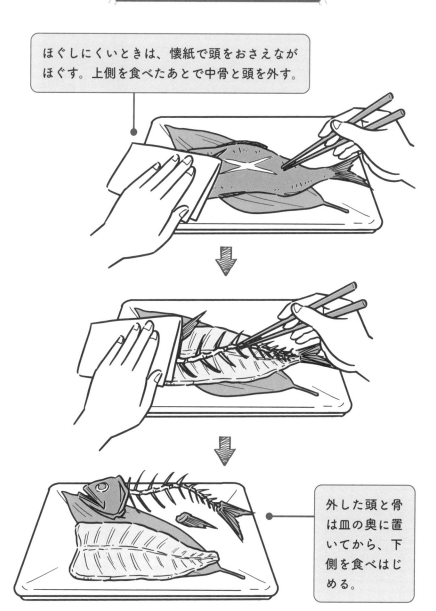

紅茶の飲み方・ケーキの食べ方

紅茶は、砂糖、それからミルクやレモンを入れ、スプーンでカップの底を傷つけないように軽くかきまぜます。スプーンは静かに水滴を切り、ソーサーの上に置きます。

カップは、**右手で取っ手を持ちます。両手で持つと「ぬるい」というサインになるので気をつけましょう。**ソーサーは、持たずに置いたままが原則ですが、テーブルが低いときや立食のときは、カップを受けるような形で左手でソーサーを持ちます。

取っ手が左側になる英国式の置き方の場合は、**右手で取っ手をくるっと回してからカップを持ちあげます。**マグカップなどは取っ手に指を入れて持ちますが、小ぶりなカップの取っ手はつまんで持ってください。カップを口元に近づけ、背筋を伸ばして飲むとエレガントに映ります。

ケーキは、**ナイフかフォークで一口大に切っていただきます。**三角形のショートケーキはとがったほうから、ミルフィーユは段を分けたあと、端からカットします。シュークリームは、半分にカットしてから端のほうから食べやすい大きさに切ってクリームを塗りながら食べましょう。

紅茶の飲み方

スライスレモンはカップに入れ、スプーンを軽く一回転させてから取り出す。レモンをつぶしたりしないように注意。

ケーキの食べ方

とがっている部分からカットする。

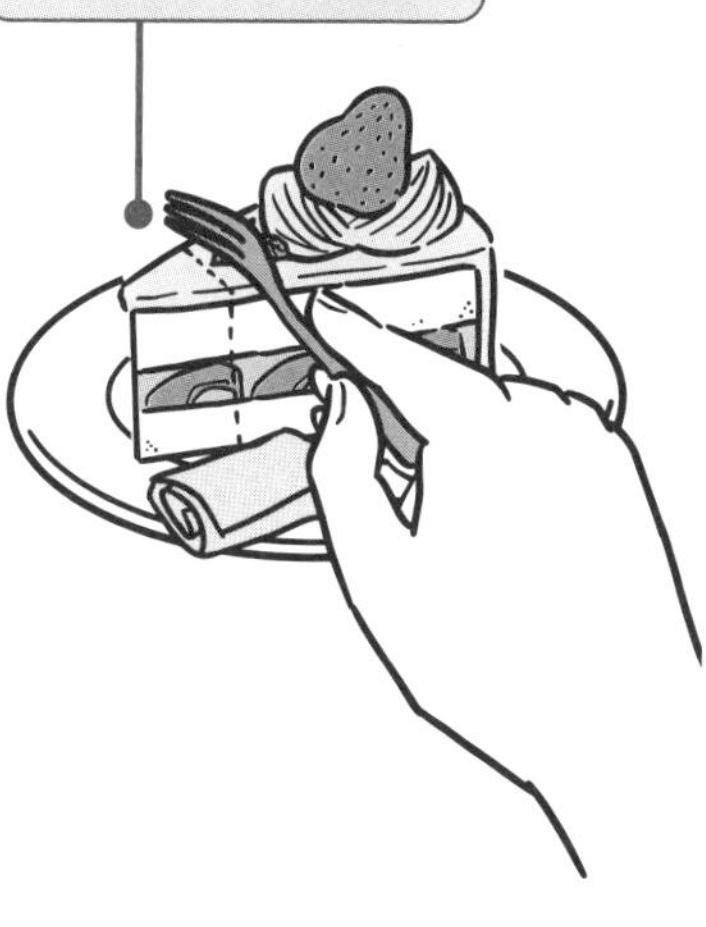

ケーキの回りのセロハンは、フォークに巻きながら外すときれいに見える。

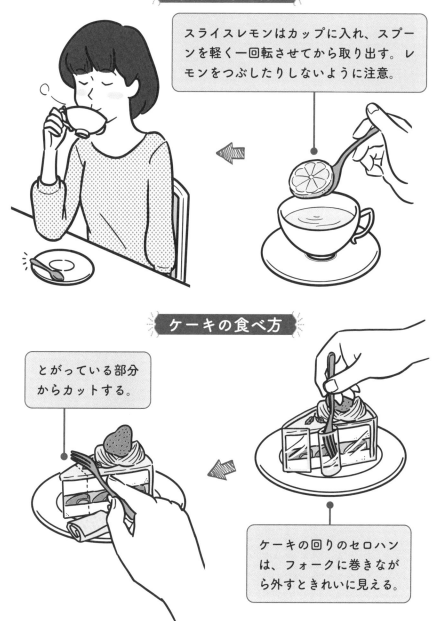

靴の脱ぎ方・履き方

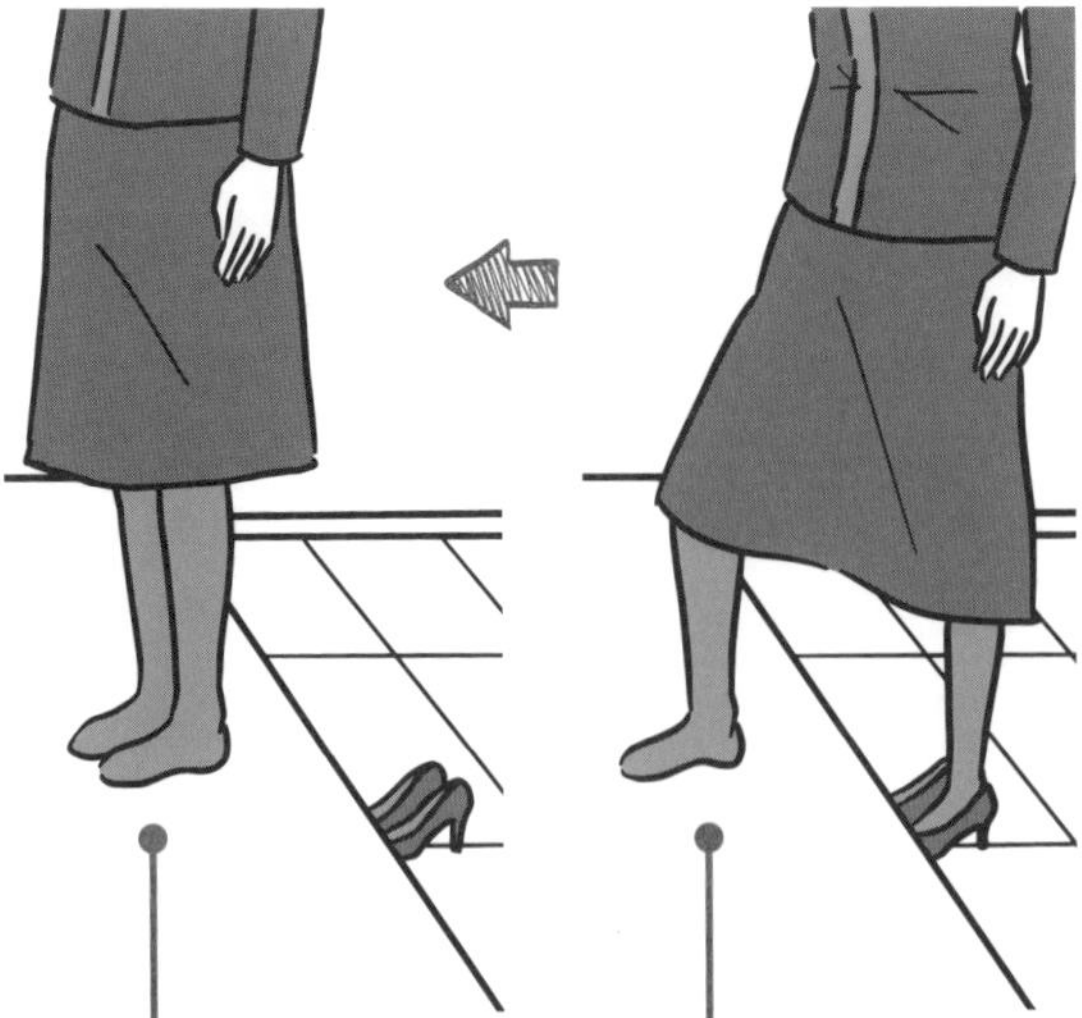

家の人（普通は玄関の下座に座って客を迎える）から遠い方の足から靴を脱ぐ。

框に上がったところで両足をそろえて立つ。ここで慌てて靴をそろえようとしない。

だれかの家などを訪問するときに大切なことは、先方に気をつかわせないことです。

家に上がるように勧められたら、

①入ってきた方向のまま靴を脱ぐ。

②框《かまち》に上がり玄関のほうへ向き直って膝をつき、脱いだ靴の向きを替える。

また、家の人の邪魔にならないように端のほうに寄せて置きましょう。

先方にお尻を向けて後ろ向きになって靴を脱いだり、靴を脱ぎっぱなしにしたりしてはいけません。数人で訪問

先に靴を脱いだ足を家の人のほうに向けてから体の向きを変えていく。家の人に背を向けないことが大切。

ひざまずいて靴の向きを変える。数人が訪問したときは、最後の人が全員の靴の向きを変える。

したときは、最後に上がった人が、前の人の靴をそろえます。

帰る際には、先方が靴を玄関にそろえてくれることが多いようです。**相手を尊重し、手で靴を少し横に移動してから履きます。**相手にお尻を向けないように注意しましょう。

脚を入れた靴を地面でトントンとする仕草は見苦しいので、靴べらを借ります。複数での訪問の場合は、先に履いた者が「お先に」と声をかけることも忘れないでください。

玄関でスリッパを脱いだときは、向きを替えて整えましょう。ただし、ラックにしまう必要はありません。

なお、素足での訪問は足裏の脂で畳や床を汚しかねないので避けましょう。

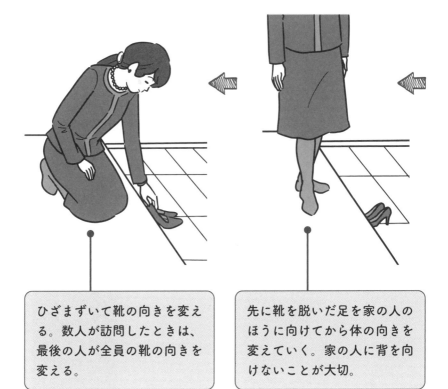

ドアの開け閉め（入退出・来客時）

ドアの開け閉めは、静かに行ないます。勢いよく開け閉めをすると、乱暴な振る舞いに映りますし、手を挟むなどの事故につながることもあります。**ドアノブがついている位置に近いほうの手で開けるのが自然です。**右側にノブがある場合は、右手で、あまり音を立てないようにゆっくり開け、ドアが少し開いたら左手に持ち替えます。ノブを持つ手のひじが伸び切らないようにしましょう。

部屋に入ってドアを閉めるときは、**まず右手で内側のノブをつかみ、外側のノブを持っていた左手を離します。くるりとドアに向き直り、さらにノブを左手に持ち替えて音がしないようにゆっくりと閉めます。**

閉めるときにノブを持っていないほうの右手をドアに添えると、ていねいです。事故を防ぐためにもドアの開け閉めが終わるまでノブから手を離さないようにします。

すでに来客があるタイミングで入室する場合は、**必ずノックをします。**軽く握った手で2~3回、ゆっくり優しく叩きましょう。**入室時に「失礼します」と会釈をし、退室時にドアの前で室内の人に一礼することも忘れないでください。**

ドアの開け方・閉め方

ドアのノブがある方の手を使い、ドアを開ける。

右手で開けたときは、ノブを左手に持ち替えて室内に体を入れる。

室内に入ったらノブを持つ手を替え、体をドアに向けながら、ふたたびノブを持つ手を戻して、ドアを閉める。

引き戸の開け閉め（立った状態・座った状態）

襖や障子など、日本家屋の引き戸は自然素材が多いため、軽いけれど天候に影響されがちで、雨の日などはスムーズに開かないことがあります。

こういったことを考慮し、よりていねいに合理的な手の使い方や力の入れ具合などを習得して、すみやかに戸の開け閉めを行ないたいものです。

立ったまま引き戸を右に開けるときは、

①左側についている引き手を左手で少し引き、手が入るくらいの隙間をつくる。

②左手を引き手の下の隙間に差し入れて、体の中央あたりまで押し開く。

③ここで左手を右手に置き換え、さらに戸を右に押し開き、体が通れる程度まで開けて静かに室内に入る。

このとき、敷居を踏まないようにしてください。敷居は床ではなく、柱と連結して家を支えている重要な部分だからです。その重要な部分を無造作に踏みつけるのは、家を大切にしていないということになります。

部屋に入って戸を閉めるときも、引き手に近いほうの手を使います。後ろ手で閉めてはいけません。

引き戸を立って閉める動作

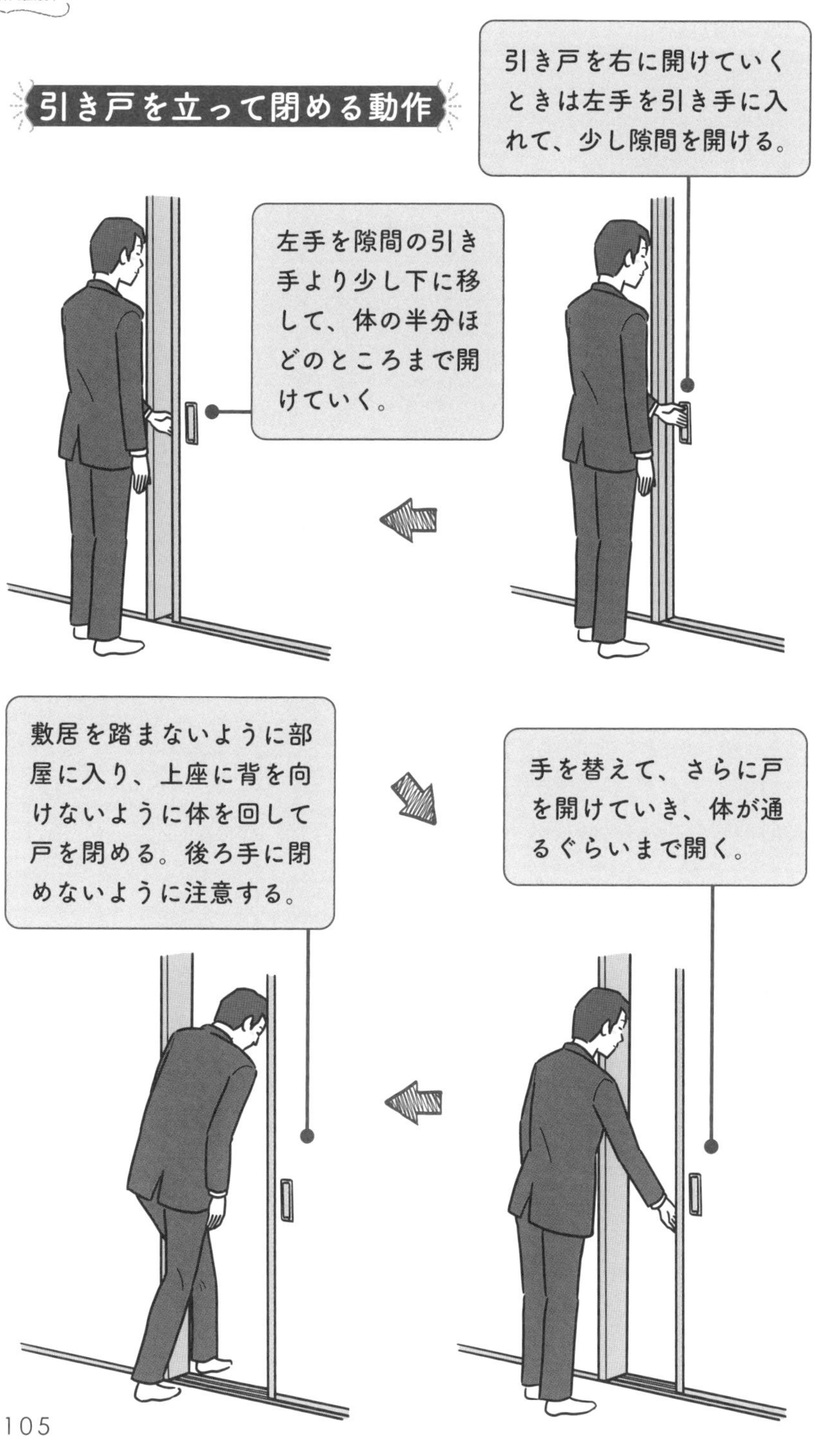
引き戸を右に開けていくときは左手を引き手に入れて、少し隙間を開ける。
左手を隙間の引き手より少し下に移して、体の半分ほどのところまで開けていく。
手を替えて、さらに戸を開けていき、体が通るぐらいまで開く。
敷居を踏まないように部屋に入り、上座に背を向けないように体を回して戸を閉める。後ろ手に閉めないように注意する。

戸に向き直るときは、上座にお尻を向けないように注意しましょう。

和室では、ほとんどの人が畳に座っています。立ったまま戸を開けると、中にいる人たちを見下ろすことになり、これは失礼にあたるので、和室だとわかっていて正式の来客の場合、戸の開け閉めは座って行ないたいものです。

座って引き戸を開け閉めする場合も、立って行なう所作と基本は同じです。

①戸の正面に座り、引き手に近いほうの手を用いて手が入る程度まで開く。
②その手を戸の縁に沿って下から10～15センチ上あたりまで下げ、さらに押し開ける。
③戸が体の中心くらいまで開いたら、反対の手に持ち替えて、体が通る程度まで開ける。

室内に人がいるときは、軽く会釈をしてから立ち上がり、静かに部屋に入ります。このときも敷居を踏まないようにしましょう。

座って閉めるときも基本的には開けるときと同じです。

①戸に向き直り、戸に近いほうの手で下から10～15センチ上あたりの縁を持って閉める。
②その手が体の正面にきたら、反対の手に持ち替えて、残り5～6センチのところまで閉める。
③引き手の部分に逆の手をかけて戸をゆっくり音をなるべく立てないように閉める。

襖や障子の引き手は、下から3分の1あたりのところについています。開閉のために力を入れる場合は、つねにそれよりもやや下に手をかけるようにします。

そうすると無理なく滑らかに、そして静かに開け閉めすることができるのです。

引き戸を座って開ける動作

ひざまずいて開けるときも、戸にかける手や、開け方は同じ。ただ、開ける手の位置は下から10センチほどのところ。

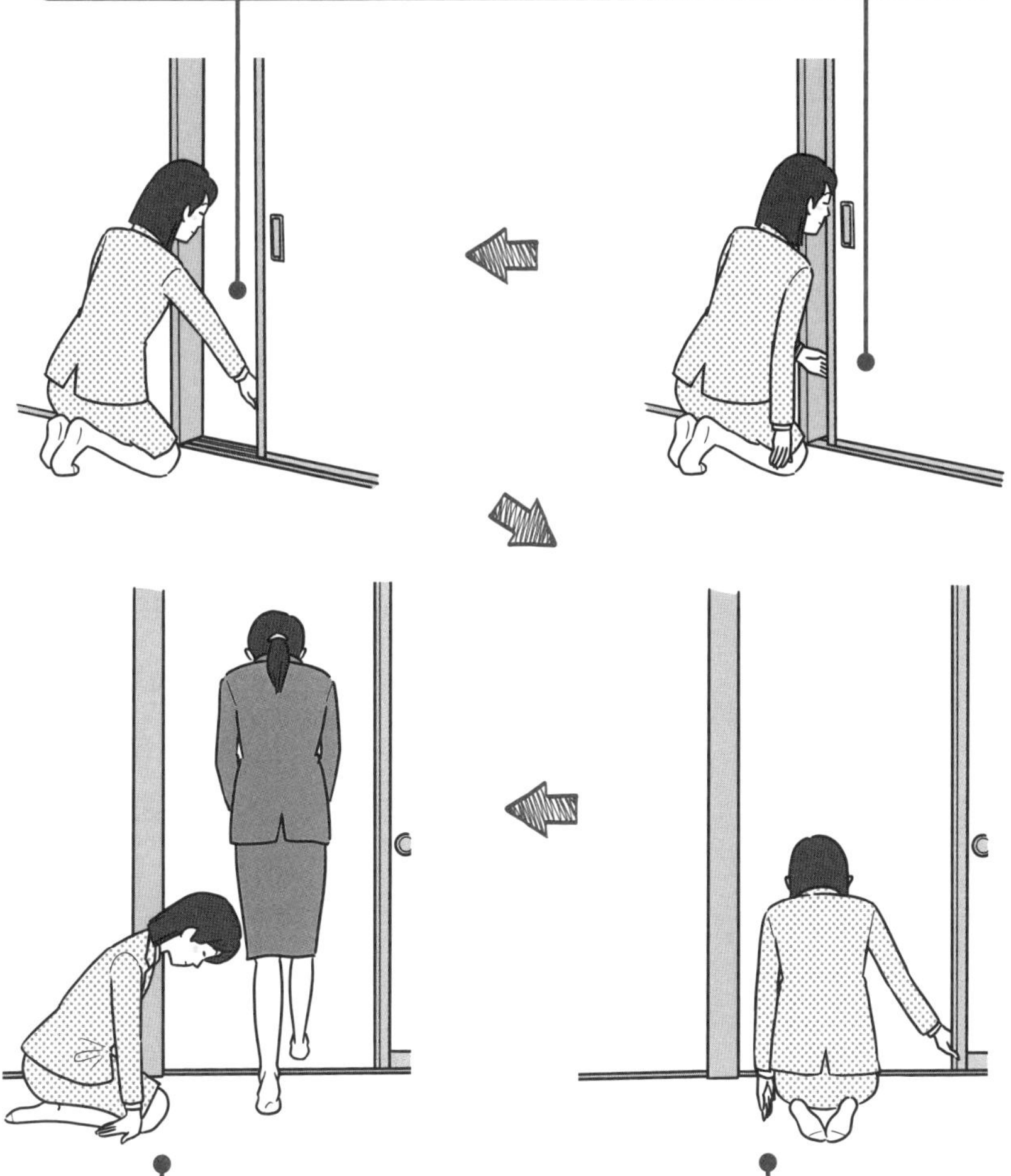

お客を案内するときは、ひざまずいて引き戸を開けたあとで体を下座に移動し、お客を先に通すようにする。

お茶の淹《い》れ方

親しいお客様であれば、目の前でお茶を淹れてもかまいませんが、おもてなしの場合は、別室で用意しましょう。

①玉露や煎茶は低い温度で、番茶やほうじ茶は高い温度のお湯で1分間、蒸らす。

②お茶の葉が開いたら、急須を3～5回ほど回して、それから湯のみ茶碗に注ぐ。

なお、来客が複数人の場合、茶碗を横に並べて、順に少しずつ注いでいきます。左の茶碗から注ぎ、右端の茶碗まで達したら、今度は逆の順で注ぐのです。これを「**廻し注ぎ**」と呼びます。

こうすると濃さが均等になります。茶碗の7分目を目安に注いで、最後の一滴まで落とすようにしましょう。

お盆の上には、右にお茶、左にお菓子を載せます。茶碗は茶托に載せますが、水滴がたれたり茶托が張りついたりしないよう、茶碗の底をふいておきます。

給仕をするときの手は、右手が基本ですが、左手を添えると安定して持てるだけでなく、優雅な振る舞いに映ります。なお、ふたつきの茶碗を用いると、よりあらたまった印象になります。

お茶の淹れ方

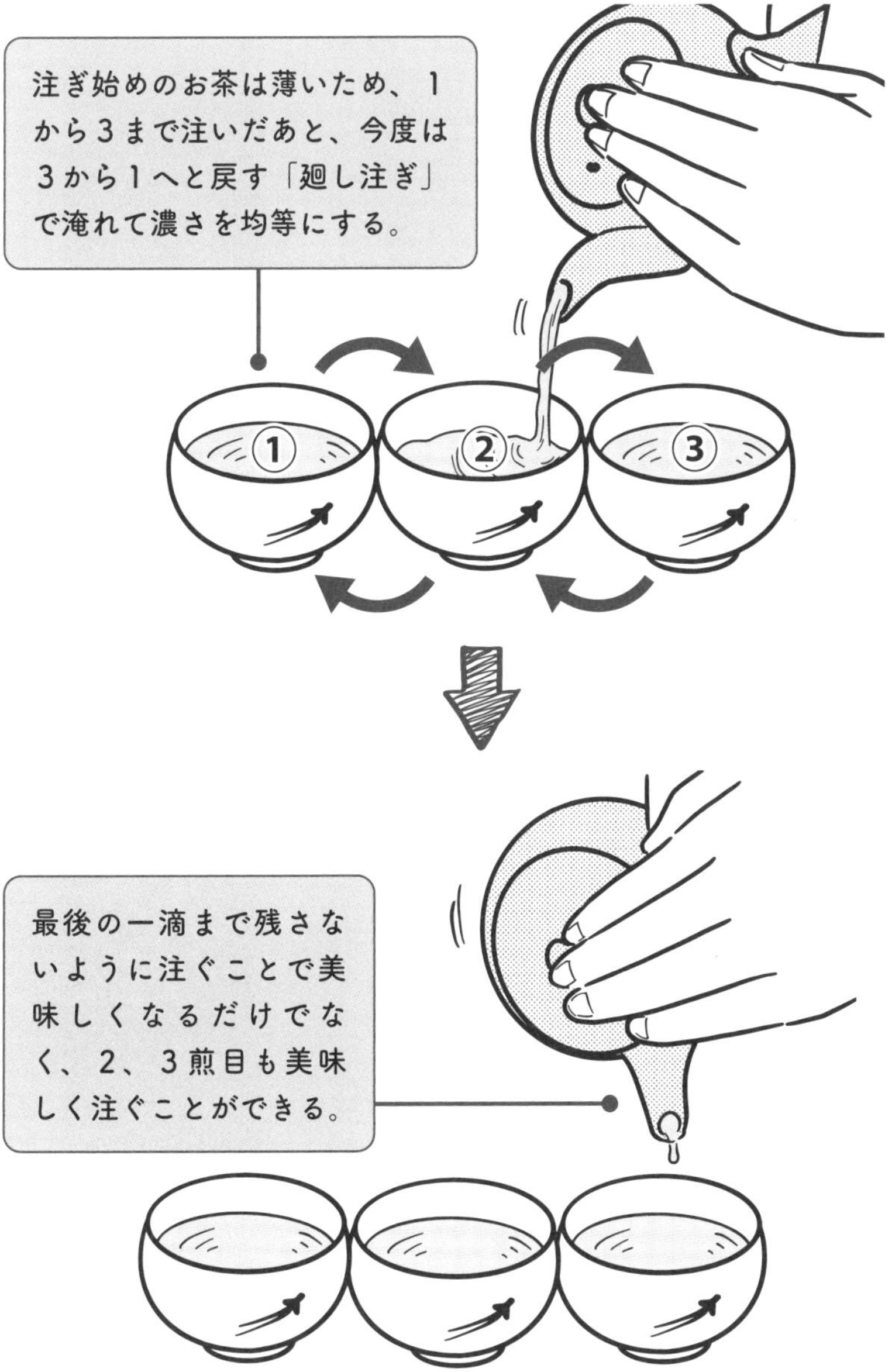
注ぎ始めのお茶は薄いため、1から3まで注いだあと、今度は3から1へと戻す「廻し注ぎ」で淹れて濃さを均等にする。
①
②
③
最後の一滴まで残さないように注ぐことで美味しくなるだけでなく、2、3煎目も美味しく注ぐことができる。

茶菓子の出し方

茶菓子を出すときは、**お盆の上の右にお茶を、左に茶菓子を載せます。**

菓子皿の上に懐紙で「かいしき」を作って載せ、楊枝を添えます。ケーキなどの洋菓子を出すときと同じく、回りについているセロハンなどは外しておくと親切です。

お茶とお菓子を載せたお盆は、**和室なら畳の下座側に、洋室ならサイドテーブルにいったん置きます。**サイドテーブルがない場合、テーブルの下座側に置くようにしましょう。

お客様から見て右にお茶、左にお菓子を置きますが、出す順序は左右どちら側から給仕するかで変わります。**基本は、自分から見て奥に置くものから出します。**自分がお客様の左側にいる場合は、右に置くお茶を先に、次にお菓子の順で、これは洋室でも同じです。

テーブルの大きさによっては、奥の位置が遠いこともあります。和室では少しつま先を立てる座り方で奥まで手を伸ばします。そのときは、片手ではなく、両手で給仕するようにしましょう。

なお、給仕をするときの手は、右手が基本ですが、軽く左手を添えると安定するだけでなく、優雅な振る舞いに映ります。

お茶・茶菓子の出し方

お茶やお菓子の乗ったお盆は、
下座側の畳の上に置くのが基本。

お客の右側にお茶、左にお菓子を置くようにするが、奥に位置する方から出していく。

お茶やお菓子を右手で持つときは、左手を右手首のあたりに添えて出すと、きれいに見える。

お茶の飲み方・ふたのあつかい

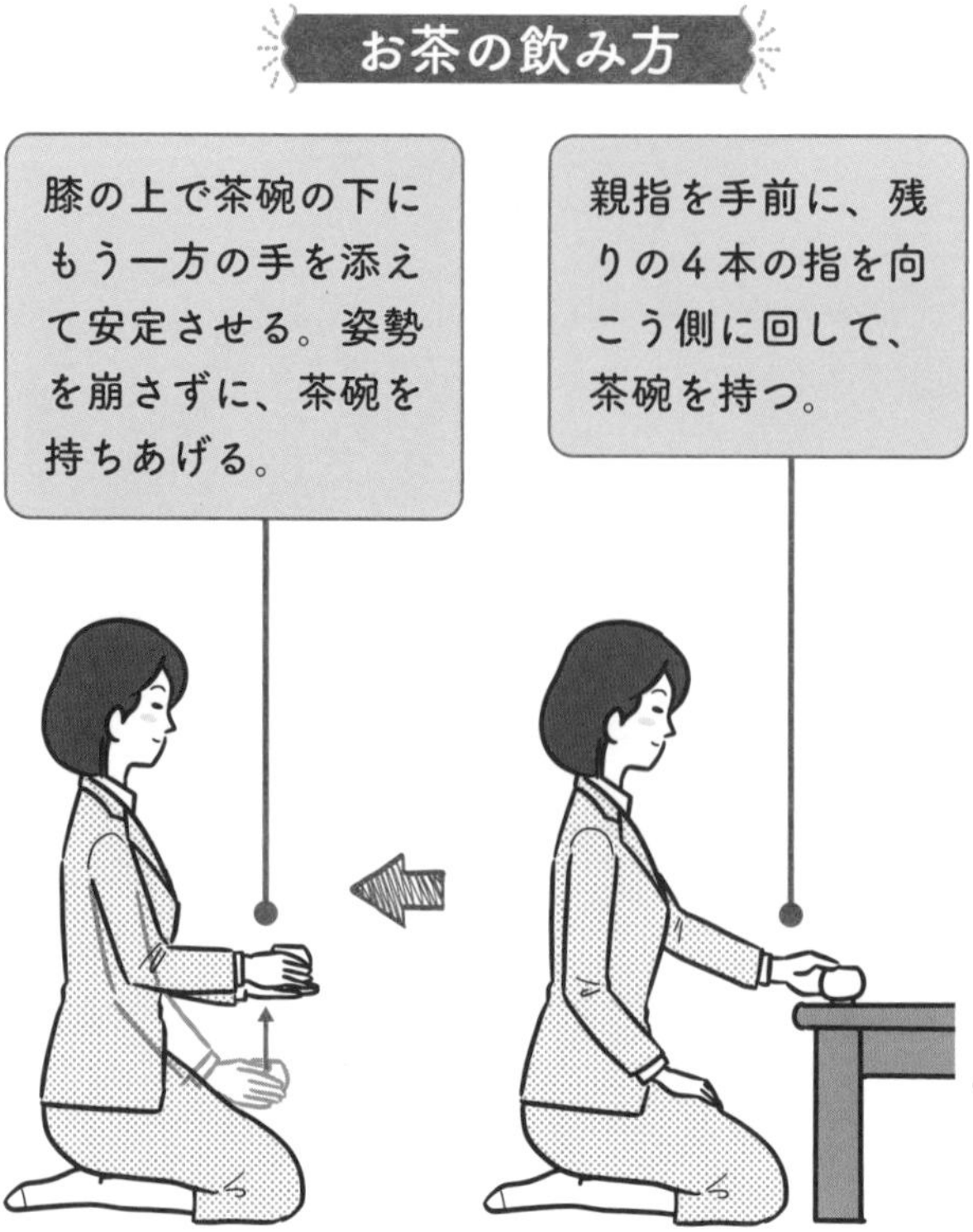
お茶の飲み方
親指を手前に、残りの4本の指を向こう側に回して、茶碗を持つ。
膝の上で茶碗の下にもう一方の手を添えて安定させる。姿勢を崩さずに、茶碗を持ちあげる。

お茶は、先方に勧められてから手に取るようにしましょう。茶碗に近いほうの手で取ります。茶碗は、

①親指を手前側に、残りの4本の指を向こう側にして持ち、膝の上方で茶碗の下にもう一方の手を添える。

②背筋を伸ばして茶碗を体に沿わせるように持ちあげる。

こうすると粗相をすることなく、また凛とした印象になります。茶碗を口元へ運び、静かに飲みましょう。

ふたつきの茶碗の場合は、**右手の親**

ふたのあつかい

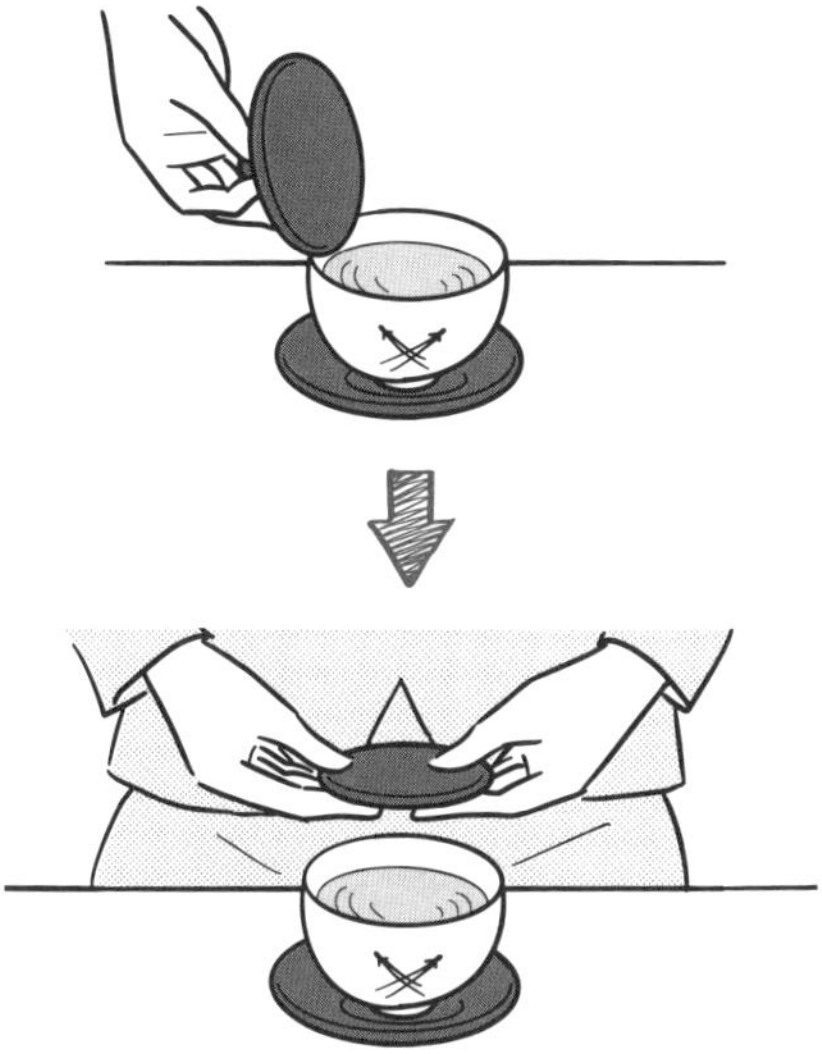

外したふたは、一度膝の上まで運び、持ち直す。その後、茶碗の横に置く。

口元まで持ちあげて茶碗に口をつけるが、飲むときには音を立てないように注意する。

指と人差し指でふたのつまみを持って、手前を持ちあげます。残りの3本の指は伸ばしてふたに添えるときれいな振る舞いになります。

ふた裏のしずくを切るときは、

①ふたが茶碗に張りついていることもあるので、ゆっくり行なう。ふたを茶碗の縁に沿って回しながら少しずつ立てていき、上向きになったら、ふたと茶碗を離す。

②外したふたは、左手で支えてしっかりと持ち直し、布巾の上か、茶碗の横に置く。

とくに、ふたつきの茶碗の場合は、お茶をこぼさず、器のふれあう音を立てないように落ち着いてあつかいましょう。

茶菓子の食べ方

茶菓は、勧められてからいただくようにします。飲み物と菓子は、どちらが先でもかまいませんが、**菓子は、お茶を一口飲んでから食べるのが礼儀**とする考え方もあります。

これは、玉露や煎茶などを一番おいしいタイミングで堪能してほしいという、相手への配慮です。もちろん、コーヒーや紅茶も熱いうちに飲みましょう。冷たい飲み物も時間が経つとぬるくなってしまうため、勧められたら遠慮せずにいただきます。

お茶菓子に楊枝やフォークが添えられている場合は、**一口大に切って口にします。**塗り皿にそのまま盛られている菓子は、**皿を傷つけないように懐紙に移して切ります。**小さい菓子だからといって手づかみで食べるのは、無作法ですし、優雅とはいえません。

茶菓は、残さずいただくのがエチケットですが、**残す場合は、懐紙に包んで持ち帰りましょう。**楊枝を使って生菓子などを食べたあとの楊枝も、懐紙で包みます。

複数でおもてなしを受ける場合は、全員に茶菓が行き渡ったかどうかを確認してからいただくようにしましょう。

ふつうのお皿の場合

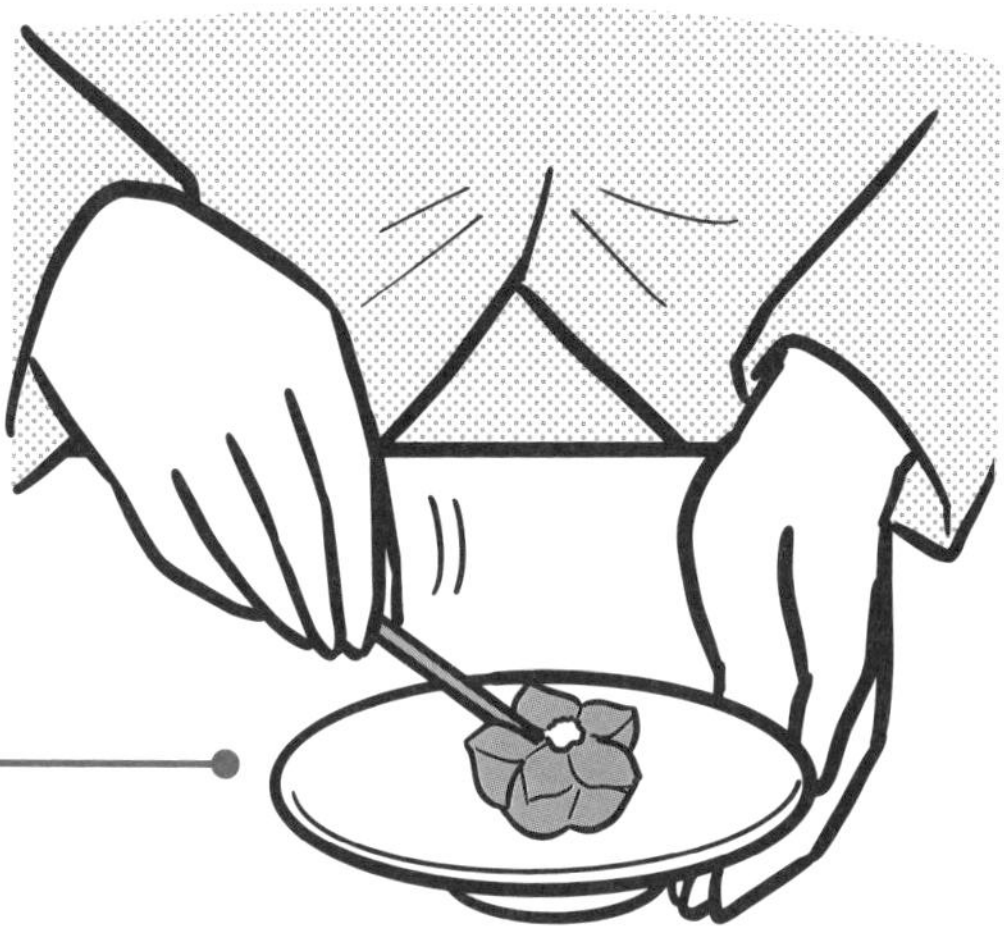

やわらかな生菓子は楊枝の先を菓子の中央に入れて、一口大に切り分ける。

塗り皿の場合

懐紙を折ってかいしきを作り、そこに乗せる。お菓子が残ったときは、このかいしきに包んで持ち帰る。

手土産を渡すタイミング・渡し方

手土産は、**あいさつがすんだら、その場で差し出します。**日本の伝統的なしきたりでは、手土産は風呂敷に包んで持ち歩くことになっています。ですから、あらたまった訪問なら包装紙を外して風呂敷に包んで持っていくとよいです。先方にお渡しするときは、必ず風呂敷包みを解いて品物を出し、広げた風呂敷は、手早くたたみます。

先方に渡すときには、品物の前後・表裏をまちがえないように注意しましょう。

座った姿勢で手土産を渡すときは、

①熨斗《のし》紙や表書きなどを確かめて、まず正面を自分に向けて置く。

②品物の右上角と左下角にそれぞれ手を添えて、時計回りに90度まわし、さらに同じ要領でもう90度回転させ、正面を相手に向けて差し出す。

紙袋に入れて持参したときも、先方に差しあげるときは袋から出してから渡します。

物を差しあげるとき「つまらないものですが」という謙遜の言葉が決まり文句になっていますが、それよりも今風に「お口に合えばいいのですが」「今、話題の」などの言葉を添えるほうがよい場合もあります。

手土産の渡し方

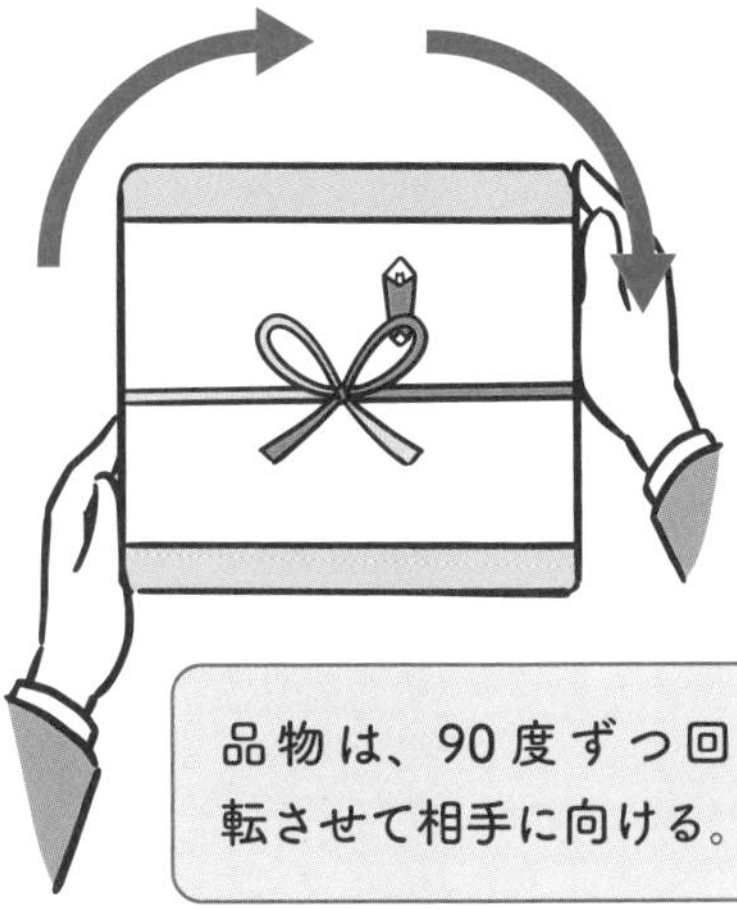

品物は、90度ずつ回転させて相手に向ける。

本来、お土産などを袋のまま渡すのはマナー違反。相手が運びやすいように袋ごと渡すときは「袋のままで恐縮ですが」と一言加える。

葬儀・告別式での服装

葬儀・告別式に参列するときは、黒の礼服を着用します。

男性は**黒のスーツに白シャツ、黒ネクタイを着用し、ネクタイピンはつけません。靴も黒革にしましょう。**女性は**光沢がなく、体の線が出ない黒のワンピースやアンサンブル、パンツスーツが一般的です。**結婚指輪やパールのアクセサリーはかまいませんが、華美なメークやマニキュアなどは厳禁です。ストッキングも肌の色か黒色、バッグや靴も黒色にするのがマナーとされています。

通夜に参列する場合は、「訃報を聞いて駆けつけた」という意味から黒にこだわらず、平服のままでよいとされています。しかし、昨今では、通夜でも喪服を着用する人が多いようです。喪服を着用せずともきちんとした服装で参列し、哀悼の意を表しましょう。

男性が仕事先から向かう場合、ビジネススーツでネクタイを黒に替えるだけでもかまいません。女性は肌の露出を避け、色合いやデザインの地味な服を選び、派手なバッグなどは黒っぽい紙袋に入れます。

仏式の葬儀なら、数珠を身につけるのも忘れないようにしましょう。

女性

服装は地味な色であれば、黒でなくてもいい。口紅は派手な色を避け、メイクはできるだけ薄くする。強い香りの香水も避ける。

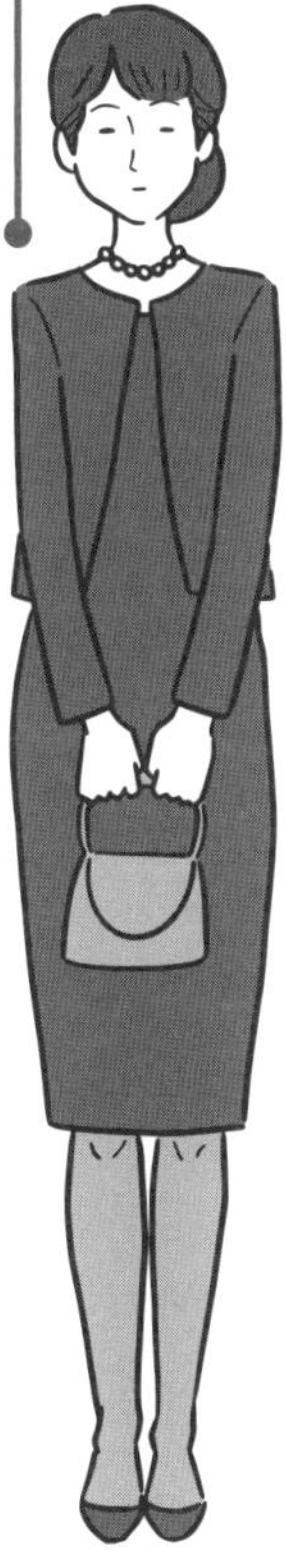

男性

スーツは黒のシングルかダブルが基本だが、グレーか紺でもいい。派手な時計などは外しておく。

ネクタイも黒で、ネクタイピンはつけない。

カバンは黒にし、皮革製品は避ける（殺生を連想させるため）。金属やエナメルなどの光沢のある付属品もついていない物がいい。

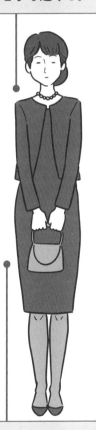

香典の渡し方・タイミング

通夜や葬儀・告別式には、香典を持参します。

香典の額は、故人や遺族との関係、送り手の年齢や立場を考慮して決めます。通夜、葬儀の両方に参列するときは、香典は通夜で渡し、葬儀では、その旨を告げて記帳だけ行ないます。

最近では、香典袋が市販されており、不幸を重ねないという意味で内袋を一枚紙で折ることはありません。

表書きは、仏式ならば浄土真宗では「御仏前」、それ以外は「御霊前」とし

祭壇に置く場合

袱紗から香典を出し、表書きを自分のほうに向けて置く。

冥福を祈りながら、遺影に向かって礼をし、合掌をする。

受付で渡す場合

香典袋はまず表書きを自分のほうに向けて持ち、90度ずつ2度回転させて相手のほうに向け、両手で持って渡す。

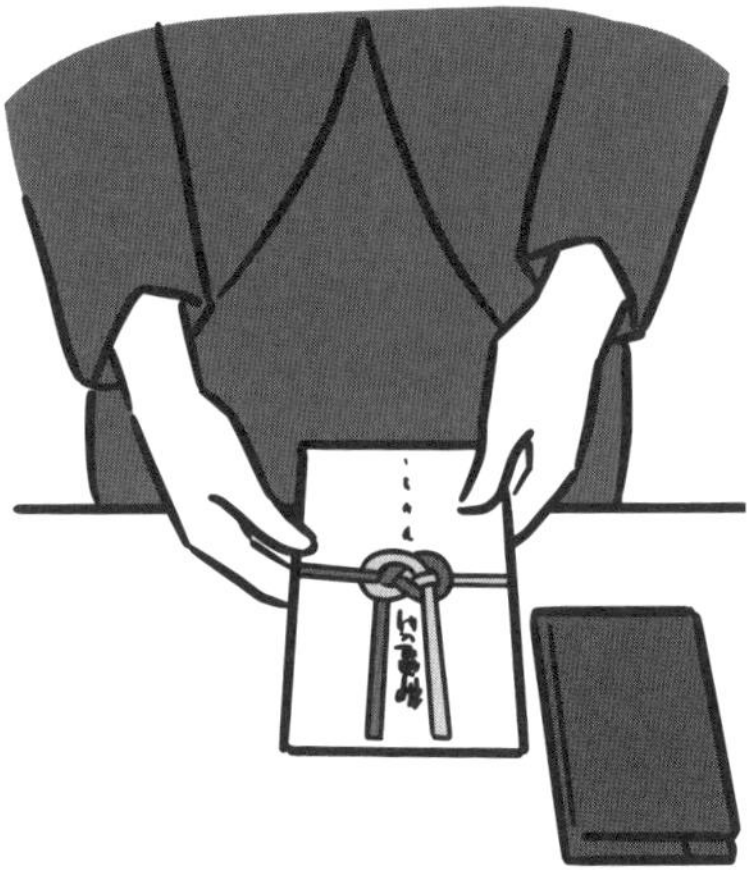

受付の人に「このたびはご愁傷さまでした」とお悔やみの言葉を述べてから袱紗を出す。

ます。送り主の名前は「涙で墨が薄くなった」という意から薄墨で書きます。
香典に限らず金子包みは、汚れたり袋の形が崩れたりしないように袱紗《ふくさ》に包んで持参します。紫の縮緬《ちりめん》なら慶弔両方に使えます。
受付で香典を渡すときは、

①袱紗から取り出した袋の正面をいったん自分に向け、右手で右上角、左手で左下角を持ち、時計回りに90度回転させる。

②同様に袋を持ち替え、さらに90度回転させて正面を相手に向け、両手で差し出す。

受付がないときは喪主にあいさつをしたあとに、喪主が席をはずしているとき祭壇に供えます。

焼香・献花・玉串奉奠《たまぐしほうてん》

焼香の作法は各宗派により異なりますが、亡くなった方を想う心が大切です。**日蓮宗などでの例をみてみましょう。**

数珠を持っている場合は、左手に持ちます。まず、遺族や僧侶に一礼し、焼香台に進みます。遺影に合掌したあと、右手で抹香をひとつまみし、目の高さに押しいただきます。左手も添えると、よりていねいです。抹香を香炉にくべて合掌し、一歩後退して、遺族に一礼してから下がります。

日本のキリスト教式の葬儀では菊など白い花を捧げます。一礼して献花台に進み、右手で花を1本取り、左手を添えて持ちます。いったん花を正面に向け、手を入れ替えて時計回りに回し、茎の根元が霊前に向くように置きます。下がるときは、遺影に一礼します。

神式の葬儀では、榊の枝に紙垂《しで》をつけた玉串を捧げます。玉串の根元を右手で持ち、上部を左手で支えて、霊前に進みます。玉串を押しいただいて一礼し、時計回りに90度回し、正面を自分に向けます。手を入れ替え、さらに時計回りに１８０度回して、根元を霊前に向けて机に置きます。忍び手で二拝二拍手一拝して下がりましょう。

焼香

香は親指、人差し指、中指の3本でつまみ、額の高さに上げ、目を閉じて冥福を祈る。静かに香炉にくべて、合掌をする。

献花

右手で茎の根元、右手で茎の上方を持ち、遺影に一礼し、根元を霊前に向けて右回りに回転させ献花台に置く。それから黙祷を捧げる。

玉串奉奠

玉串の根元を右手で持って、枝先を左手で支える。一礼して進み、玉串を右回りに回転させながら左手を根元にずらして、枝先を自分に向くように台に乗せる。

結婚式での服装

結婚式では、晴れの日にふさわしい装いで新郎新婦を祝いましょう。ただし、結婚披露宴に限らず、お祝いの席に招かれたときは、主役よりも目立つ服装はつつしむようにします。

結婚式や披露宴の装いは、主役との関係が近いほど正装になります。男性の場合は、和服なら**五つ紋付**、**洋服なら昼はモーニング、夜はタキシードですが、略礼装なら昼夜を問わないブラックスーツでかまいません。**

女性は、**昼なら肌の露出を控え、アクセサリーも光沢を抑えたものにしましょう。**一方、夕方からの装いは、**肩や背中、胸元を適度に見せたドレスがフォーマルとされます。**白、あるいは黒一色にならないように気をつけましょう。

和服の場合は、**未婚なら振袖、既婚なら留袖が正装**ということになります。しかし、招待客の場合は、親族よりも格を下げるのがマナーとされます。準礼装の訪問着、色無地、付け下げなどを着用しましょう。

なお、招待状に「平服で」とあるのは「気軽に」という意味です。服装については、失礼にならないような装いを心がけてください。

男性

ブラックスーツに、シルバーかグレーのネクタイを組み合わせる。靴や靴下も黒が基本となる。

女性（洋装）

白一色や黒一色以外にもアニマル柄も避ける。スカートは膝丈より長いものにする。

女性（和服）

帯は錦織の袋帯など格調高いものを着ける。ただ、髪飾り以外のアクセサリーは避けた方がいい。

祝儀の渡し方・タイミング

結婚祝いとしてお金を贈る場合、「準備の足しに」と挙式前に直接渡すのが本来の作法とされます。しかし、最近では、当日、式場の受付で渡すのが主流です。

①芳名帳に記帳したあと、袱紗から祝儀袋を取り出す。

②正面を相手に向けて礼儀正しく差し出し、事前にお祝いを渡している場合は、その旨を述べる。

昔の作法では奉書紙に現金を包みましたが、現在は結び切りの水引がついた市販の祝儀袋を用いるのが一般的です。表書きは、外袋の上方・中央に「寿」「御祝」、下方・中央に送り主の名前を楷書で書きます。濃い墨色の筆書きで祝う心を表わしましょう。

中袋には住所・氏名と金額を明記します。市販の祝儀袋は、価格に見合うデザインのものを選んでください。

お祝い金の額は、**相手との関係や送り手の経済力に応じて無理のない範囲にします。**友人や同僚なら3万円が相場といわれますが、「夫婦」「二重の喜び」という意で2万円を包む人もいるようです。ただし、4万円は「死」を連想するので避けてください。

祝儀袋のとり出し方

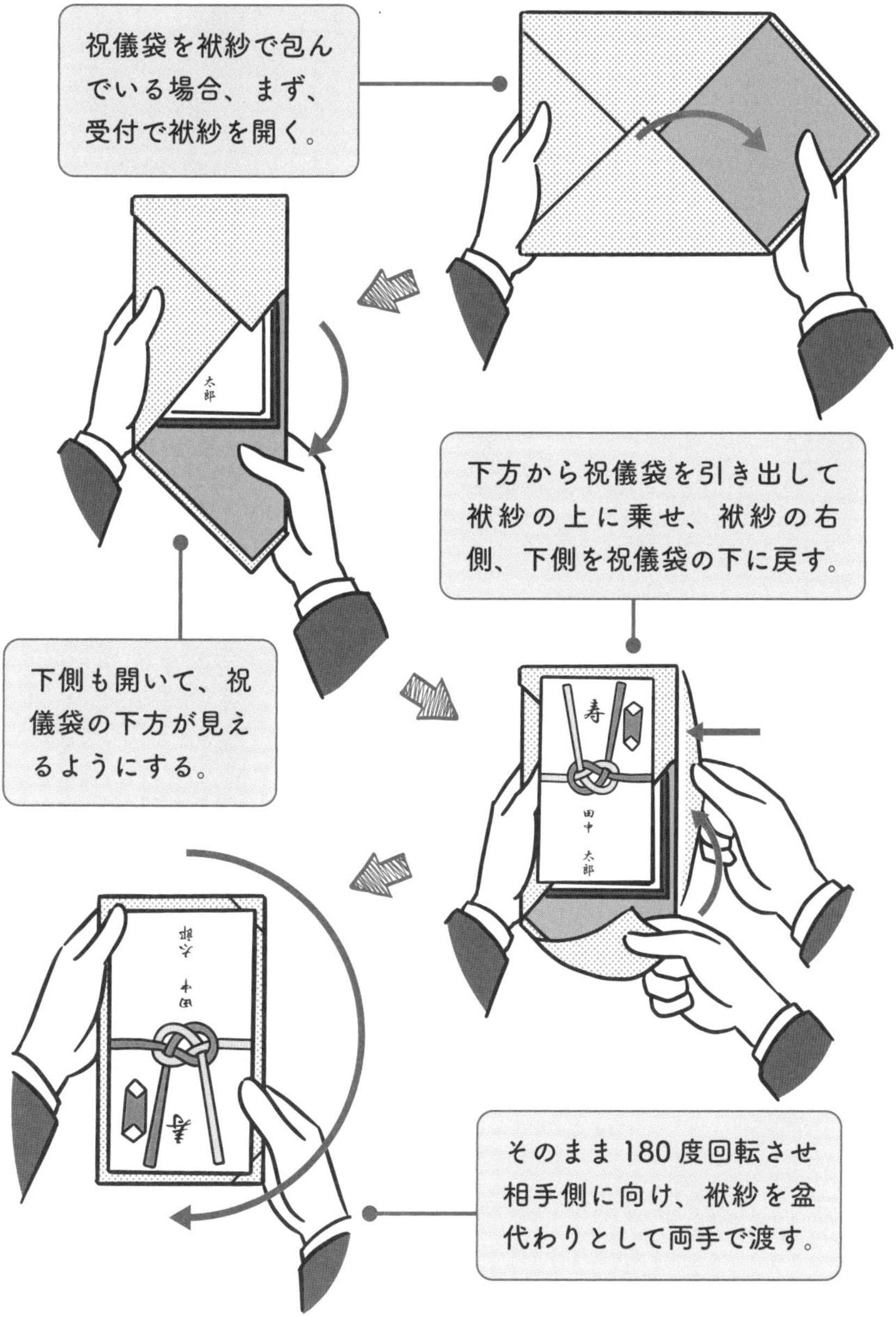
祝儀袋を袱紗で包んでいる場合、まず、受付で袱紗を開く。
下側も開いて、祝儀袋の下方が見えるようにする。
下方から祝儀袋を引き出して袱紗の上に乗せ、袱紗の右側、下側を祝儀袋の下に戻す。
そのまま180度回転させ相手側に向け、袱紗を盆代わりとして両手で渡す。
寿
田中 太郎

乾杯の際の振る舞い

結婚披露宴は、全員で行なう乾杯が宴会スタートの合図になります。ですから、乾杯がすむまでは、周囲の人たちとのおしゃべりは控えめにして静かに待ちましょう。テーブルの上のナプキンを膝に広げるのも乾杯が終わるまで待ってください。

司会者から「ご起立願います」という案内が入ったら、椅子の左側に立ちます。 体のバランスを崩してシャンパンなどをこぼさないよう、グラスは立ち上がってから持ちます。

なお、グラスは右手に持ちましょう。

指名を受けた主賓の音頭で乾杯をしますが、フォーマルな場では周囲の人と音を立ててグラスを合わせません。**「乾杯！」という発声に続いて唱和し、グラスを目の高さまで持ちあげます。** このとき、体と目線を新郎新婦のほうに向けて、お祝いの気持ちを表わしましょう。

一口飲んだら、グラスを静かにテーブルに置き、拍手します。お酒を飲まない人も乾杯酒は断らないのがマナーです。飲まなくてもグラスに軽く口をつけます。

お好みのドリンクは、宴会が始まり、料理が運ばれてきたときにオーダーしましょう。

乾杯

乾杯が終わるまでは儀式であり、まだ宴ではない。乾杯では席の左側に立ち、「乾杯」と唱和したあと、グラスを目の高さまで上げてから飲むようにする。

よくあるNG例

グラスを合わせる乾杯はしない。ビンが出ていても、基本的にお酌はしなくていい。

礼儀作法の基本は武士の所作

日本で最初に礼儀作法を説いたのは、聖徳太子の「十七条の憲法」だといわれています。この「十七条の憲法」は貴族や官僚に向けて、和の尊さを説いたものです。そこから、朝廷における行事や儀式などにおいて望ましいとされる礼儀作法や所作が生まれていきました。

その後、武士の時代となり、室町時代に入ると「小笠原流」や「伊勢流」といった礼法が生まれていきます。現在の私たちが行なっている礼儀作法や所作の基本は、この時代に作られたものです。つまり、礼儀作法の源流は武士の所作にあるといえます。

たとえば、「畳の縁を踏んではいけないし、縁に座ってもいけない」という礼儀作法は、現在も多くの人が守っているものです。これは、格式を重んじる武士の家では畳の縁に家紋を入れていることがあり、それを踏むことは大変無礼となるため、してはいけないとなったのです。また、畳と畳の隙間をついて、床下から刃を突きあげられて暗殺される事態を防ぐという実用的な意味もあったとされています。

あるいは、上座、下座などの考え方も武士の礼儀作法から来ています。武士が別の武士を訪問した際、自分よりも上位の武士の家ならば下座に座り、自分よりも下位の武士ならば上座に座りました。この慣習がいまも、会社などでも受け継がれているのです。

やがて江戸時代に入ると、裕福な家では娘を武家に行儀見習いに出すことが流行り、庶民も礼儀作法を学べるようになりました。その結果、庶民も生活のなかに武家の作法を取り入れるようになっていきます。

ただ、江戸時代に庶民に広まった礼儀作法は、実際に武士たちが行なっていたものと完全に同じではなく、農民や町人の習慣も混じっていきます。

たとえば、いまでも食事のときに「いただきます」といいながら手を合わせる人もいるでしょう。これは、とても礼儀正しい印象を人に与えますが、もともと武士にこのような習慣はなく、食事の時に合掌するのは農民や町人の風習でした。武士は、たんに「いただきます」といって、一礼するだけだったといいます。

外国の礼儀作法との違いとは？

ところで、礼儀作法は日本だけのものではなく、外国にもあります。ただ、当然ながら外国の礼儀作法は日本とは違います。

たとえば、日本ではあいさつする際のボディランゲージの基本はお辞儀ですが、欧米諸国では握手が基本となっています。明治時代になって文明開化をすると、政府は積極的に欧米文化を取り入れようと、握手の習慣を定着させようとしました。そこで、国民に「握手礼を行なう場合には、右手を出し、先方の眼に注目し、おもむろに先方の右手をとり、約ひと呼吸の間握るべし」などと懇切丁寧に指導しました。

しかし、握手は目上の者から目下の者に手を差し出すのがマナーとされており、男女の場合は女性から先に手を差し出すのがマナーとされています。

日本では、あいさつは目下の者が先に目上の者にするものとされていたほか、女性が異性に自分から肌に触れさせるという習慣もありませんでした。そのため、結局現在に至るまで握手の習慣は日本にはあまり定着しなかったのです。海外とのビジネスなどでは握手は避けられませんが、日本人の習慣にはない作法であるため、お辞儀をしながら握手をしてしまったり、相手の手を強く握りすぎてしまったりと、まちがったやり方をしている人も多いので気をつけましょう。

このように、礼儀作法というのは国によって大きく違います。その根底に相手を思いやる心があるだけで相手に好印象を与えることもありますが、どんなに思いやりの気持ちがあったとしても、それぞれの国には、それぞれの礼儀作法があるのも事実です。

西洋では鼻をすする行為や、めん類を食べるときに音を立てることは、とても無作法なものとされています。あるいは、タイでは人の頭に触ることはタブーとされているので、子どもの頭をなでたりしてはいけません。

やはり「郷に入れば郷に従え」で、外国に行ったときは、その国の礼儀作法を尊重するようにしてください。そうやって相手の国の文化や風習を尊重する姿勢がわかれば、きっと相手に喜んでもらえるはずです。

おわりに

今こそ求められる所作と振る舞い

冒頭で触れた、男子ゴルフの松山英樹選手を支えたキャディーの早藤将太さんがピンをカップに戻したあと、脱帽してコースに向かって一礼した振る舞いを見て、わたしは、静かな感動をおぼえました。それは、早藤さんの「一礼」に対してはもちろんですが、日本人なら何ということのない「一礼」が世界中の人々に感動を与えた事実を素晴らしいと思いました。

礼をするというノーコストの振る舞いで世界中の人の心を動かし、日本のイメージを大いに向上させたことは快挙ではありませんか。

「一礼」とは「お辞儀」のことですが、お辞儀というのは世界中の人々に感動を与えるぐらい美しいのです。わたしの父である佐久間進は実践礼道小笠原流という礼法の宗家として、ブッダの「八正道」ならぬ「八美道」を提唱しています。「自分には正しいことはわからなくても、美しいことはわかる」というわけですが、その「美しいこと」の象徴が礼法なのです。早藤キャディーの「一礼」に感動した人々も、「正しさ」ではなく「美しさ」を感じたのでしょう。

コロナ禍のなかにあって、わたしは「礼」の価値を再考しています。とくに「ソーシャルディスタンス」と「礼」の関係に注目し、相手と接触せずにお辞儀などによって敬意を表せる小笠原流をはじめとする日本の礼法が、「礼儀正しさ」におけるグローバルスタンダードにならないかなどと考えています。西洋式の握手・ハグ・キスではコロナ時代にマッチしないからです。

じつは父だけでなく、わたしも礼法家の端くれです。小笠原惣領家第三十二代当主・小笠原流礼法宗家の小笠原忠統先生から免許皆伝を受けました。そのため、わたしが社長を務める冠婚葬祭会社ではなによりも「礼」を重んじ、冠婚葬祭に必要な、「思いやり」「つつしみ」「うやまい」といった精神を、小笠原流の礼法をもって示しています。

本書においては、小笠原流をベースにコロナ時代にあっても美しさを感じさせる所作と振る舞いを集めてみました。これらを実践すれば、あなたの魅力が倍増することを保証いたします。

一条真也

■監修者
一条 真也（いちじょう しんや）
1963年、福岡県生まれ。礼法家。小笠原流惣領家第三十二施主・小笠原流礼法宗家の小笠原忠統氏より、1989年に26歳で免許皆伝を受ける。早稲田大学政経学部卒業後、大手広告代理店を経て、大手冠婚葬祭業㈱サンレーに入社。2001年に代表取締役社長に就任。全国冠婚葬祭互助会連盟（全互連）前会長。一般社団法人 全日本冠婚葬祭互助協会（全互協）副会長。一般財団法人 冠婚葬祭文化振興財団福理事長。「天下布礼」の旗を掲げ、人間尊重思想を広めるべく作家活動にも情熱を注ぎ、『決定版 冠婚葬祭入門』『決定版 年中行事入門』（ともにPHP研究所）など、著書は100冊以上。上智大学グリーフケア研究所客員教授。九州国際大学客員教授。2012年、第2回「孔子文化賞」を稲盛和夫氏（稲盛財団理事長）と同時受賞する。

イラストでわかる
美しい所作と振る舞い

発行日 2021年11月18日 初版第1刷発行

監 修 者 一条真也
編　　著 株式会社造事務所
発 行 人 磯田肇
発 行 所 株式会社メディアパル
〒162-8710
東京都新宿区東五軒町6-24
TEL. 03-5261-1171 FAX. 03-3235-4645

印刷・製本 株式会社光邦

ISBN978-4-8021-1060-0 C0076